杉山智行

# さらば銀行

「第3の金融」が変えるお金の未来



講談社+α《プラスアルファ》新書

# はじめに

「さらば銀行」。

これは、私が代表を務めるクラウドクレジット株式会社が2018年1月にテレビ東京の番組「ガイアの夜明け」で紹介された時の番組タイトルの一部をお借りした言葉です。

銀行という仕組みは、日本でも欧米でも、ちょうど日本で明治維新が起こった19世紀後半くらいから急速に拡大していきました。そして、株式市場などの資本市場と「2本の柱」として、資本主義の社会の〝血液〟であるお金を回す存在として、その役割を果たしてきました。

何度かの金融危機を経て、その仕組みは、どんどん頑健なものになっていきました。

しかし2019年現在、私たち日本人は、銀行が本当に社会にとって必要な便益を提供しているのか、確信を持てない人のほうが多くなってしまっているのではないでしょうか。

一方で、世界に目を転じると、21世紀に入り、アジア、アフリカ、ラテンアメリカや東ヨーロッパなど、いわゆる新興国が人口増加率でも経済成長率でも、日本、米国そして欧州諸国など先進国を上回るようになりました。社会的にも経済的にも、急速にそのプレゼンスを増してきています。

しかし、その新興国には、まだまだないものがたくさんあります。

たとえば、新興国の上場株式市場は非常に小さなものです。銀行融資も、銀行は預金という元本保証の資金を元手にして貸付を行うため、一定以上のリスクを負うことができません。そのため一般的には、銀行融資では新興国の人口の20％程度にしかアクセスできないといわれています（もちろん、国によって割合は異なりますが）。

この状況下で、経済的に成長するための原資（資金）を必要としていて、借りたお金をきちんと返す意思も能力もある中間層の人々が大勢いるにもかかわらず、そこに資金を供給する仕組みが欠けているため十分に行き渡らないという事態が起きてしまっています。

この方々に、「寄付」ではなく、「投資」として成長するためのお金を届ける仕組みが、クラウドクレジットです。

成長国の成長企業にお金を貸すというリスクを取って投資を行った投資家の方は、お金の借り手が無事きちんと成長できれば、その成長の果実を金利というかたちでおすそ分けしてもらいます。

もちろん、新興国の企業への投資というリスクを負うわけです。そのため金利も、それに見合ったそれなりの高水準になります。

それでも心配はありません。日本の方には「高い！」と感じる水準であっても、成長国の成長企業の人にとっては、それ以上の事業リターンをあげる自信があるならば、どんどんお金を借りて事業を拡大することが合理的な判断となります。

新興国のお金の流れを見ていると、日本銀行のゼロ金利政策が20周年を迎えようという今、私たち日本人がもう忘れてしまった、金利の本来のあり方、お金の貸し借りを通じた人々、事業や国の成長・発展というものの姿が見えてきます。

また、お金の出し手となる日本の投資家の方から見れば、私たちクラウドクレジットは、世界のローンで運用を行う資産運用会社ということになります。

クラウドクレジットが提供するのは、運用の観点からはその多くがハイリスク・ハイリターンの金融商品であり、常に利益が出ていると断言できるものではありません。

そもそも、株式や投資信託ならまだしも、世界のローンに投資を行う資産運用を行ったことのある方などほとんどいないと思います。それでも、リスクテイクをするにあたってのポイントをきちんと押さえれば、より多くの方に、株式や債券に次ぐ、「新しい資産運用」の対象として見ていただける選択肢のひとつになるのではないかと考えています。

本書は、『さらば銀行』というタイトルにしましたが、私やクラウドクレジットは、なにも既存の銀行をぶっ壊したりすることを目指しているわけではありません。

クラウドクレジットという会社のミッションは、「伝統的資本市場と銀行融資に次ぐ、世界でお金の流れを作る第3の柱になる」ことです。

世界には富が偏在しています。「世界をつなぐ金融」を行うことにより、投資家の方と資金需要者の方がWin-Winの関係を作り、社会もより豊かになっていく。そう信じています。

クラウドクレジットが目指す新しい金融のかたち、本書でじっくりお楽しみください。

◉目次

## 第４章　世界四大陸を飛び回って



## 第５章　クラウドクレジットの始め方

## 第6章　クラウドクレジットが創る新しい金融のかたち



## おわりに

# 第1章　一人ひとりの小さなお金が世界を変える

## みんなで地球を回すための金融

２０１８年1月、テレビ東京の人気番組「ガイアの夜明け」で、私たちクラウドクレジットが特集されました。タイトルは、「さらば銀行!? 金融維新」(https://www.tv-tokyo.co.jp/gaia/backnumber4/preview_20180116.html)。

メガバンクの大規模リストラ報道を受けて、「新たなマネーの担い手」として、私たちの活動に注目していただいたようです。読者のみなさんの中には、実際に放送をご覧になった方もいるかもしれません。

私たちクラウドクレジットは、インターネット経由で賛同者から資金を募る「貸付型クラウドファンディング」の仕組みを活用し、毎月個人投資家の方から約7億円もの資金を集めて複数の投資ファンドを運営しています。

貸付型クラウドファンディングといっても、まだまだ一般には耳慣れないキーワードかもしれません。これは、「融資を受けたい人」と「金利を得たい人（＝余裕資金を運用したい人、投資家）」との間を仲介するビジネスのことです。貸し付けた資金には金利が付き、資金を必要とする人、余裕資金を意義ある社会活動に出資したい人、双方にとってメリットのある関係の構築を目指します。

クラウドクレジットの投資先はアジア、アフリカ、ラテンアメリカ、そして東ヨーロッパなど。そう聞いて、「危ないのでは？」と感じた人もいるかもしれませんが、たとえばラテンアメリカ諸国は欧米諸国の植民地時代を経て、独立してから200年前後経っています。欧米の国家運営ノウハウが、日本の方が思う以上にスマートな形で導入され、きちんと法体系が整っている国も少なくありません。そして、私たちは現地に足を運び、ガバナンスのしっかりした事業者の方に対して融資を行うことにしています。

融資した資金は、大銀行からお金を貸してもらえない中小企業や個人事業主への融資へ回され、彼らが成長することで金利としてリターンをもらう、というビジネスモデルなのです。2018年11月末現在、クラウドクレジットの投資家の方の期待リターンの平均値は6・8％。

## ペルーで生花店を営む女性の力に

さて、「ガイアの夜明け」では、私のペルー出張に同行する形で密着取材が入りました。

私は、ペルー北部の都市トルヒーヨでファンドを組成するため、ファンドの融資先であるノンバンクで働いているルイスさんと共に、地域で最も大きなマーケットである「ラ・エルメリンダ市場」で生花店を営《いとな》んでいる女性を訪ねました。そして、その日の返済金額を回収するというシーンがテレビに映し出されました。この女性は年収が44万円程度で、生花店の運転資金として、私たちの現地パートナーのノンバンクから10万円を借りていたのです。

現地の零細企業を取り巻く状況は、日本の終戦直後に似ているかもしれません。

年収44万円程度なのに10万円をノンバンクから借りるというのは、「リスクが高すぎる」と感じる人もいるかもしれません。しかし現地では、日本のように大手ショッピング・モールと競争するわけではありません。ペルーの地方都市の零細企業の方の事業リターンは現代の日本よりはるかに高く、お金を返済するのはそれほど負担でないといいます。

大きな銀行は手を出さない、小さな規模かもしれません。しかし、資金があれば間違いなく成長できる事業がある。そこに人々の暮らしがあり、実需があってマネーが回っているからです。小口金融は「マイクロクレジット」とも呼ばれますが、こういう資金ニーズが、世界にはたくさんあります。そうした小さな資金ニーズに対応する金融を提供するのが、私たちクラウドクレジットの仕事なのです。

ビジネスであるからには、もちろん利益をあげなければなりません。同時に、利益だけを追求するのではなく、社会にインパクトを与え、人々の暮らしを、地域を、その国を成長させる社会貢献事業でもありたいと考えています。

私たちのビジネスでは、株式投資のように、株価の上下動を捉えての売買益や配当金で儲《もう》けるのではなく、「金利」の形でリターンを受け取ります。ですから、貸し倒れにならないように、彼らを応援し、彼らにしっかり成長してもらい、その成長分の一部を金利の形で分けていただく――そんなWin-Winのモデルを目指しています。

融資によって仕入れが大幅に増えた青果店

### 貸し付けるお金は成長の原資

こんなふうに言うと、中には「結局は人々を〝借金まみれ〟にするんでしょ？　ローンをすすめるなんてとんでもない」といった批判もありそうですが、そうではありません。

日本では「ローン」に対してネガティブなイメージが強いと思います。かつては「サラ金」などという言葉が頻繁に使われ、〝社会悪〟かのように認識されることも少なくありませんでした。

しかし、借金には2つのパターンがあります。

ひとつは自分の快楽、見栄を満足させるための借金です。「多重債務者」といわれる人の多くが、この類型でしょう。

贅沢《ぜいたく》な食事をしたい、お酒を嗜《たしな》みたい。異性にモテたい。高級ブランドのファッションを身につけたい。高級外車や一等地のタワーマンションが欲しい……ｅｔｃ．。

もちろん、それらを手に入れるのに相応《ふさわ》しい所得のある人なら、それも結構です。ところが、中にはかなり無理をして、この手の華麗な消費生活を手に入れようとする人もいます。そのために借金を繰り返せば、文字どおり借金まみれの生活に陥《おちい》ります。

その一方で、本当にお金を必要としている人もいます。事業を回し、成長するための資金需要がある方などです。

私自身も、ゼロからクラウドクレジットを立ち上げるにあたっては、会社を運営していくうえでお金が必要でした。やはり、開業資金を銀行から借りることはできませんでした。そこで、複数のベンチャーキャピタルから支援を得てスタートし、事業を軌道に乗せることができました。

かつての私と同様に事業を立ち上げようとする人、また、「ガイアの夜明け」に登場した生花店の女性のように、規模は小さくとも事業をしっかり営んでいくために必要な資金を求めている人は、世界中にたくさんいます。そういう人へ必要な資金を提供していく金融は、決して借金漬けにするための金融ではありません。

ペルーで生花店を営む女性に投じられた10万円は、彼女のビジネスを回す原動力になります。事業が成長することで人を雇うことができるようになり、雇われた人は家族を養うことができるようになるかもしれません。さらに成長すれば、働く人の数をもっと増やしたり、支店を出したりすることも可能になるでしょう。たった一人から始まった生花店で、たくさんの人が働き暮らしていけるようになるのです。

一人ひとりは小さな存在であり、営むのは小さな事業であるかもしれません。しかし、投じられた資金が国境を越えて数万、数十万人……と多くの人に届き、その確かな成長を後押しすることができれば、いつか地球規模の経済を回すような非常に力強いエンジンにもなるでしょう。

結局、経済を回すというのは、そういうことなのだと思います。経済というものは、何かものすごく大きな力が作用して無理やり回されているようなものではなく、私たち一人ひとり、小さな個人が日々の暮らしを営み、アクションを起こし、事業となり、それらを積み重ねることで動かすものなのです。一人ひとりにその実感はまったくないとしても。

クラウドクレジットは、この「小さなアクション」を起こすための金融を地球規模で提供し、地球経済を回すために、小さな、でも確かな力になっていきます。

## 「フィンテック」って何だろう

ところで、「フィンテック」というキーワードをご存じでしょうか。「Finance」と「Technology」が合わさってできた言葉です。金融に興味がないという人でも、なんとなく、どこかで耳にしたことはあるのではないでしょうか。

これは、金融と情報技術などの新しいテクノロジーを組み合わせることによって、それまで銀行や証券会社などの金融機関が提供してきたサービスの一部を、ローコスト、かつ高い利便性で提供して、社会にイノベーションを起こすような動きのことです。

インターネット技術が民間で使われるようになった1990年代後半あたりから、インターネット証券、インターネット銀行、FX（外国為替証拠金取引）会社など、インターネット技術を用いて店舗を持たずに金融サービスを提供する金融機関が次々に誕生しました。これも、広い意味でフィンテックです。この当時のフィンテックは、従来、店頭で行われていた金融サービスをインターネットに置き換えたものでした。

これに対して現在のフィンテックは、従来のビジネスの置き換えに加えて、これまでにない新しい金融サービス、付加価値を生み出そうとするものが多くなってきています。

私たちのビジネスは、冒頭でも簡単に触れましたが、新興国の人々に対してお金を貸し出すことです。

もちろん、日本でもグローバルな金融ビジネスを展開している大手銀行であれば、新興国を対象にしたプロジェクトファイナンスのような、ビッグビジネスを展開しているところもあるでしょう。それを行うために金融機関は現地に支店や事務所を作り、日本から人員を送り込み、綿密な現地調査を行い、日本の本店とやりとりをするなど、大きな手間、時間、コストを掛けたうえで融資を実行します。同じお金を貸すという行為であっても、国によって、どのような仕組みで融資を行えばより貸し倒れリスクを下げられるか、確認する必要があるからです。

もちろん、私たちクラウドクレジットでも調査や審査の重要性は変わりません。

①書面等での審査に加え、原則全部の案件について、調査のため現地に足を運ぶ。
②世界4地域のさまざまな業種の企業に融資を行ってきたノウハウを活用して、審査の結果に従い、適切な融資先に適切な金利で融資を実行する。
③もし融資先が破綻《はたん》した場合は、現地の法律事務所や回収会社に回収のサポートをしてもらうことを予定しているものの、自分たちでも回収活動にコミットする。

大手金融機関のような大掛かりなやり方ではありませんが、やるべき業務は徹底します。そして、その成果を日本の投資家の方につなげるのが、情報技術です。私たちは新興国への融資を「新しい投資機会」として捉えている日本の個人からお金を集め、現地の中小企業にその資金を提供します。このようにして、新しいお金の流れを世界中に作っているのです。

まさに、新しい金融付加価値の提供です。


実際にお金を投資する方々も、新しい満足感を得る機会につながります。

たとえば銀行預金が、何に使われているのかを知っている人は少ないと思います。自分が銀行に預けた10万円が、どこかの中小企業の資金繰《ぐ》りにつながっていることなど想像もできないかもしれません。

でも、クラウドクレジットは、みなさんからお金を集めるに際して、どういう国の、どんな人たちが必要としている資金なのかをはっきり提示します。お金の流れから〝ブラックボックス〟のようなものを極力排除したいと考えているのです。自分自身で納得し、共感できるものに対してお金を出していただけるのです。

現地の提携事業者の業務プロセスを確認する

その時、クラウドクレジットに参画した個人投資家の方々の脳裏には、たとえば冒頭で紹介した、ペルーの北部都市トルヒーヨのラ・エルメリンダ市場で生花店を営む女性の顔が浮かぶかもしれません。または、クラウドクレジットのホームページで紹介しているような、電気のないアジアやアフリカの地域に電気が届いて、現地の子どもたちがもっともっと勉強できるようになる情景を思い浮かべるかもしれません。

現地のマイクロファイナンス機関から資金を借り入れているお店を視察

クラウドクレジットが資金を供給している国々は、日本から本当に遠いところにある国です。しかし、「金融」という媒介を通じてつながることで、その距離が一気に縮《ちぢ》んだかのような感覚になると思います。「未来への扉」を開こうと努力する現地の市井の人々、一人ひとりの表情を私たちは思い浮かべることができるようになるのです。

私たちクラウドクレジットのメンバーも、ふだんは東京のオフィスにいて、主にインターネット経由で仕事をしています。けれども前述の通り、ファンドを組成するにあたっては現地に必ず足を運んでいるため、東京からでもいつでも彼の地の空気やニオイ、融資を受けた顧客のみなさんの表情を思い浮かべることができます。

## そもそも「金融」って何?

突然ですが、「金融機関」って何だと思いますか?

社会人になって、銀行で給料の振込口座を開いたばかりの人なら、「自分の大事なお金を預かってもらっているところ」でしょうか。

これが自営業者になると、「お金を借りるところ」という答えが真っ先に返ってくると思います。定年間際の人なら、「退職金の運用プランを相談するところ」かもしれませんね。

いずれにしても、なにやらお金に関連したサービスを提供しているところというイメージは、共有していただけるでしょう。そして前述の、社会人になりたての人、自営業の人、定年間際の人の金融機関の印象は、いずれも「自分にとって最も身近な金融の一機能」を答えているに過ぎません。

金融機関とは何か。それは結局のところ、「お金が余っているところから不足しているところに、お金を流すことを業《ぎょう》として行っている事業者」だといえます。

たとえば銀行。「銀行はお金を預けるところ」と考えている人は多いと思いますが、銀行は、みなさんが預けたお金をただ金庫にしまっておくわけではありません。もう一方に、「お金が足りないので銀行から借りたい」と思っている人がいて、その人たちに預かったお金を貸し出します。お金が余っている人からお金が足りない人へと、お金が融通されていきます。

もちろん、こうしたお金の流れを作るためには、お金を預けたくなるインセンティブと、お金を借りる人が負担するコストが必要になります。それが「金利」です。お金を借りる人は銀行に借入金利を払い、お金を預けた人は銀行から預金金利を受け取ります。

そして、預金金利と借入金利の間には、

**預金金利＜借入金利**

という関係があります。たとえば、預金金利が1％なら借入金利は2％などとなり、両方の金利の差である「1％」が銀行の収入になります。

これが、貸付の基本的な仕組みです。

## 金融機関の業態はさまざま

さて、銀行を事例として金融について説明しましたが、「お金が余っている人から、お金が足りない人にお金を融通している」という機能は、銀行だけが持っているわけではありません。

たとえば証券会社。おそらく多くの人は、証券会社を「株式を売ったり買ったりするところ」と思っているのではないでしょうか。しかし、証券会社も立派に金融機能を担っています。

企業は、売上と利益を伸ばして成長していくために設備投資し、事業拠点を築き、大勢の社員を雇います。当然、これらを進めていくためにはお金が掛かります。

もちろん、そのお金を銀行から借りる場合もありますが、企業が株式を発行して証券取引所に上場し、大勢の投資家から資金を集めるという方法もあります。証券会社は、企業が株式や債券を発行して資金を調達する際に企業と投資家の間に立ち、企業に対しては資金調達の、投資家に対しては資産運用の手段を提供することで、金融機能の一端を担っているのです。

金融機能を担っている事業者は銀行と証券会社が双璧ですが、広義で見れば、ほかにも金融機能を担う事業者はあります。

たとえば生命保険会社は、被保険者が不幸にして亡くなったり、病気で入院したりした場合の保障が業務のすべてではありません。保険に加入する人にとっては、自分に不測の事態が生じ、命や健康が危険にさらされた時、金銭的な保障を得るのが目的です。一方で生命保険会社は、保険金を通じて大勢の保険加入者から集めたお金で、企業向け融資や株式・債券などの有価証券投資を行っており、この点において、やはり金融機能を担っていると考えることができます。

さらに広義では、「消費者金融」も金融機関の仲間です。こう言うと、銀行や証券会社、生命保険会社などから苦言を呈《てい》されそうですが、「お金の余っているところから不足しているところにお金を流す機能」は、消費者金融にもあるのです。

ひとつ違いがあるとすれば、消費者金融は預金を通じて資金を集めることができません。消費者金融が個人にお金を貸す際の原資は、基本的に銀行からの借入によって賄《まかな》われています。そのため、お金を借りる際の金利は、銀行から借り入れる際の金利よりも高くなります。

いずれにせよ、金融機能を担っている金融機関には、このようにいくつかの業態があることをまず頭に入れておいていただければと思います。

### 地球上のお金は偏在している

金融がビジネスとして機能しているのは、お金が偏在しているからです。そこに「ギャップ」があるから、という言い方をしてもいいかもしれません。

たとえば、日本に住む1億2000万人全員が超リッチになり、現金をたくさん持っていたら、どうなるでしょうか。しかも個人だけでなく、企業もふんだんに現金を持っていて、設備投資などに必要な資金を全額、手持ちの現金で賄える状態だとしたら……？

こうなると、少なくとも日本国内において金融ビジネスは成り立ちません。なぜなら、そこに「お金が足りないので借入をしたい」というニーズが発生しないからです。

もちろん現実的には、そのようなことは起こらないと思います。日本という国の経済が、ものすごいスピードでイノベーションを続ける世界とつながって、自由競争の下で行われているのであれば、どこかにお金の偏在が生じるはずだからです。

さらに、視野を地球規模に広げたらどうでしょうか。

米国や欧州、日本のような先進国は、20世紀まで、または21世紀に入ってからも世界の中でも産業競争力のある国々だったため、現在は莫大な金融資本が蓄積されています。つまり、これらの国ではお金が余っています。

逆に、お金のない国もあります。新興国などは、資金が不足している状態にあります。アジア諸国、東欧、ラテンアメリカ、アフリカといった地域の国々は、なんとか先進国にキャッチアップしたいと、経済成長を目指して必死に頑張っています。

ただ、経済を成長させていくためには、やはりお金が必要です。国内の経済活動に必要な資金を国内の貯蓄で賄えればいいのですが、残念ながら多くの新興国は貯蓄が不足しており、経済活動に回す十分なお金がありません。要するに資金不足状態にあります。

先進国＝カネ余り
新興国＝資金不足

という構図が、地球規模では常に生じており、この資金の過不足を調整するために、グローバル金融があります。資金が余剰になっている先進国が、その余ったお金を、資金不足が原因で自国経済をなかなか成長軌道に乗せられない新興国に対して流しているのです。

## 「世界をつなぐ金融」の可能性

それでは、どうして先進国は「カネ余り」になるのでしょうか。

リーマンショック以降、先進国の中央銀行が積極的に量的金融緩和を推し進めたことも要因のひとつですが、それと同時に、日本を例に挙げるとわかりやすいと思うのですが、国内に新たな資金需要がないからです。

かつて日本が高度経済成長を謳歌《おうか》していた時代は、日本国内にものすごい資金需要がありました。

企業は欧米企業に追いつき追い越せとばかりに成長を求め、巨額の設備投資を行いました。日本のさまざまなところに工場が建てられ、製品を大量生産するために必要なラインがどんどん増設されていきました。あるいは、製品を大量生産するために大量の原材料が必要になります。それらを仕入れるためにも多額の資金が必要でした。

労働者も同じです。当時は今のようにＩｏＴ（Internet of Things）とかＡＩ、ビッグデータといったテクノロジーによる業務効率化の手段はなく、もっぱら人海戦術で仕事にあたっていました。工場で働く工員だけでなく、事務作業にも大勢の人手を必要としたのです。たくさん人を雇うためには、給料を支払うための原資が必要です。このように、高度経済成長期の企業には旺盛《おうせい》な資金需要がありました。

企業だけではありません。一般家庭も経済が豊かになれば、徐々に贅沢を覚えます。

一軒家に住みたい、自家用車に乗りたい、もっとセンスのいい服を着たいなど、挙げていけばキリがありません。会社に勤める普通の給与所得者がキャッシュで一軒家を買うのは難しいですから、一般的には銀行から住宅ローンを借り入れることになります。自動車もローンで購入することが多いでしょう。所得以上の生活レベルを求めるようになればなるほど、一個人のレベルにおいても資金需要が高まっていきます。

高度経済成長期からバブル経済期にかけて、日本では最も資金需要が高まりました。しかし、1990年代に入ってバブル経済が崩壊すると、今度は逆に資金需要が大きく後退。カネ余り状態になってきました。さらに、2000年代に入ると人口動態によって日本経済の成長力が大きく落ち込んだことが、その状態に拍車をかけました。

日本に限った話ではありません。景気が低迷すれば、各国の中央銀行は金利を下げたり、通貨の供給量を増やしたりするなど、いわゆる金融緩和政策を取ります。その結果、世の中に出回るお金の総量が増えるため、景気が回復すると考えられてきました。日本経済の再浮上を目指して「アベノミクス」で量的・質的金融緩和が行われたのも、自民党が政権を奪還する前、民主党政権下において景気低迷とデフレが深刻化したからです。

ただ、そこから現在へと続く金融緩和の問題点は、お金をどんどん供給しても、それを使って何かをしたいという資金需要が十分に出てこないところにあります。

「預貸率《よたいりつ》」という数字が、その事実を物語っています。預貸率とは、預金残高に対する貸出残高の比率のことです。これが100%だと、集めた預金と同額の貸出を行っていることになります。

現在、日本国内で業務を行っている国内銀行114行の預貸率はどのくらいでしょうか。2018年3月決算時点で65・53%（単独決算ベース）……。つまり、預金として集まったお金の65・53%しか貸出に回せていないのです。

預金という形でいくらたくさんのお金が集まったとしても、貸し出す先がなかったら、そのお金は社会に流れません。多額のお金を抱え込んでいても、活用できなければ何の付加価値も生まれないのです。ちなみに、個人が持っている現預金だけで、日本国内には968兆円ものお金があります。まさしく活用せず、価値創造につながらないまま滞留しているお金です。

ところが、視点を変えて世界を見渡すと、資金不足で経済がなかなかテイクオフできない新興国がたくさんあることに気づきます。そのような国に、日本国内の多額の余剰資金の一部を流すことができたとしたら、いったい何が起こるでしょうか。

資金不足に陥っていた新興国は、日本から調達したお金を使って、次の成長ステージに立てるでしょう。しかも、金融機関で眠っていたお金は、世界の新興国の成長エンジンとなるのです。

これって、まさに一石二鳥のアイデアではないでしょうか!?

## 生き残る金融、消えゆく金融

過日、ある地域金融機関が、審査書類を改竄《かいざん》して多額の融資を実行していたことが明るみに出ました。これなどはカネ余りで運用難に陥った銀行が収益を上げるため、やってはいけないことをやってしまったという、なんとも〝イケてない〟事件でした。

こういう事件は、銀行をはじめとする金融機関の経営が、かなり厳しい局面に入ってきていることを物語っていると私は思います。銀行の先行きを危惧《きぐ》する声は多いですが、おそらく、これから日本の金融機関は3つに分類されていくと思います。

### ①グローバル金融機関

第一の分類は、日本発のグローバル金融機関、いわゆる「3メガバンク」です。彼らは、リーマンショックによって欧米金融機関が苦境に立たされた2009年以降、それに代わる形で商圏をグローバルに広げていきました。

たとえば、欧米の金融機関の経営体力がどんどん落ちていく中、複数の金融機関がシンジケートを組んで融資を行う「シンジケートローン」のマーケットで、日本の大手銀行が、そのアレンジを行うアレンジャーとしてどんどん出ていく動きが進んでいます。あるいは新入行員をグローバル枠で採用し、ベトナム支店のような、これから成長が期待される国に配属したりもしています。さまざまな分野で活発にグローバル展開を行っています。

グローバルビジネスで欧米の金融機関と伍《ご》して戦えるだけの態勢を築くには、それこそ5年、10年単位の時間を必要とします。リーマンショックから10年の歳月を経て、日本のメガバンクは、いよいよその態勢を確固たるものにしつつあります。

２０１７年ごろから、銀行の大規模リストラのニュースが流れ始めましたが、あくまで日本国内の、収益性に乏《とぼ》しくＡＩなどに置き換えられるような業務をリストラクチャリングする、という話に過ぎません。「必要な人材」は収益性を期待できる事業に回し、メガバンクそのものの経営は盤石であり続けるでしょう。

## ②勝ちパターンを持つ地域金融機関

グローバルに打って出て生き残る金融機関がある一方で、国内でも勝ちパターンを持つ地域金融機関があります。これが第二の分類に該当します。

商圏は国内ですが、地元で新規事業を興そうとしている経営者を支援するためのセミナーや交流会を開いたり、後継者育成支援を行ったりするなどの活動を積極的に進めている金融機関です。

これらの金融機関は、地元の中小企業と密接につながったビジネス展開を行うことで、85%という非常に高い預貸率を実現しているところもあります。ここまで預貸率が高い金融機関なら、カネ余りで苦しむことはないでしょう。

これらの地域金融機関は今後、日本の地域金融機関の合従連衡《がっしょうれんこう》のハブとなるかもしれません。しかし、近年見られたように、無理な融資をしていたことが突然明るみに出て、状況が一転するリスクもあります。あくまで、日本市場という厳しいマーケットで事業を行っていることに変わりはありません。

③勝ちパターンを持たない地域金融機関

第三の分類は、勝ちパターンを持たない地域金融機関です。成長している世界市場で事業を行うわけでも、厳しい国内市場で勝ちパターンを持つわけでもありません。

これらは「消えゆく運命」にある、と私は考えています。

中には、第三の分類に含まれる金融機関同士で合併しようとする〝悪あがき〟もあると思われます。しかし、〝ゾンビ〟と〝ゾンビ〟がくっついても、結局はさらに大きな〝ゾンビ〟が生まれるだけです。いずれにしても消えゆく運命であることに変わりはないでしょう。

## 中期的には国内の金融市場も有望

地方銀行や信用金庫、信用組合は、地元に根を張り、あくまでも地元経済の発展を金融面で支える存在として、その価値を発揮してきました。しかし、果たして今、もしくは近い将来において、地方に旺盛な資金需要があるでしょうか。東京一極集中の流れが続く中、地方経済が停滞しているのは、誰の目にも明らかです。もはや、かつてのような資金需要が一地方都市やその周辺地域にあるとは思えません。

そうである以上、地方銀行や信用金庫、信用組合が、地元にこだわる理由はないはずです。

にもかかわらず、どうしてもそこから抜け出せない、抜け出るための意識改革が進まない金融機関があります。こういう金融機関は、これからの10年で、その多くが淘汰《とうた》される可能性が高いでしょう。

ただ、この悲惨な状況が永遠に続くとは私は思っていません。3メガバンク、ならびに優秀な経営が行われ、着実に利益を積み重ねている地域金融機関は、この10年が経過した後、徐々に復活する可能性があると私は考えています。なぜなら、今後、日本への移民流入が増えると思われるからです。

ご存じのように、日本は人口減少社会に突入しています。すでに人手不足という形でその歪《ゆが》みが生じており、国策としてもこれをなんとかしなければなりません。どこかの局面で、移民の受け入れをある程度、許容しなければならないでしょう。

移民が入ってくれば、人口減少に歯止めが掛かり、やがて資金需要の回復へとつながっていきます。しっかりした資金需要が生じてくれば、淘汰を免れた金融機関は、苦しい状況から脱することができるはずです。

たとえそうなったとしても、生き残った日本の金融機関は、収益の柱としてグローバル金融事業を無視することはできないでしょう。世界にはそれだけの資金需要がありますし、それを積極的に取りに行くのが日本の金融機関の生きる道だと私は考えています。

## 個人が金融機関を創る時代

こんなことを偉そうに書いていると、「じゃあ、おまえが銀行を創ってやってみせろよ」という声が聞こえてくる気がします。

実は私は、実際に銀行を創ろうと考えました。

しかし実際には銀行は創らずに、貸付型クラウドファンディング事業を行う会社を創りました。

まず、銀行を創るためには１００億円もの資金が必要でした。

当時、私はイギリスの大手銀行の東京支店で、経営幹部に助言する〝参謀役〟を務めるなど貴重な経験を積ませていただいていましたが、まだ20代後半で、何の後ろ盾もありません。そんな私に、１００億円の資金をポンと出してくれるような酔狂《すいきょう》な人など、そうそういるはずがありません。まして、そんな大金を自分が持っているはずもありません。

さて、どうするか……。

思案していた時に、起業の相談をしていた友人から教えてもらったのが「貸付型クラウドファンディング」という仕組みでした。

貸付型クラウドファンディングとは、繰り返しになりますが、インターネットを使って融資を受けたい人と余裕資金を運用したい人との間を仲介するビジネスです。

私自身はもともと、クラウドファンディングについて、その仕組みに興味があったわけではありません。たとえば貸付型クラウドファンディングを用いて日本国内で貸付を行えば、結局は自分がその将来性に疑問を抱く地方銀行と同じことをすることになります。

にもかかわらず、なぜ貸付型クラウドファンディングにピンときたのか。それは、参入するためのコストが低かったからです。銀行を創るなら100億円。しかし、貸付型クラウドファンディングなら1億円、もしくは2億円程度あれば事業を開始できます。

もちろん、ビジネスをサステイナブル（持続可能）なものにするのであれば、10億円、20億円程度の資金を調達する必要はあります。その点を考慮しつつも、まずは1億～2億円で「スモールスタート」が可能な点が魅力だったのです。

実際にビジネスを走らせながら、徐々に5億円、10億円、20億円というように資本を手厚くしていけばいいわけですし、なにより1億～2億円あれば、私が思い描いていたグローバル金融ビジネスに参入できるのです。

これは本当に大きな〝気づき〟でした。考え方によっては、誰にでも金融機関を創れる時代になったのです！

## 投資信託のお金が届くのは大手

詳しくは後述しますが、私がクラウドクレジットという会社を通じて提供しているサービスは、広義の資産運用業です。

資産運用業というと、資産運用に関心をお持ちの方なら「投資信託」を連想されると思います。投資信託とは、不特定多数の人たちにファンドを販売して集めたお金を株式や債券に投資し、運用収益が得られたら、利益をファンドの購入者に還元するという仕組みの金融商品です。

私たちのサービスも、組成したファンドを大勢の人たちに購入してもらい、その運用で得られた収益をファンドの購入者に還元するという基本的な〝流れ〟は、投資信託と同じです。

ただし、投資信託と大きく異なるのは、株式や債券には投資をしない点です。

組成したファンドを通じて投資しているのは、読者のみなさんはもうおわかりだと思いますが、さまざまな「ローン」です。具体的には、欧州やラテンアメリカをはじめとする海外の事業者に融資を行い、そこから得られる金利収入をファンドの購入者に還元します。

もうひとつ、投資信託との決定的な違いは投資先にあります。

昭和の時代には、投資信託は「ゴミ箱」などといわれていた時期があり、投資対象として全然魅力的でない企業の株式ばかりを組み入れて運用している商品が多くあったそうです。

それに比べて現在は、低コストで、個人投資家の資産形成に向いた投資信託が大幅に増えています。たとえば世界中の株式、債券に分散投資するグローバル・バランス型の投資信託などは、安全資産である国債とともに、近い将来、地方銀行などの淘汰が進んだ時に、預金として置いておくのが不安になった資金の受け皿として期待されています。

あるいは日本の株式を組み入れて運用している投資信託も、将来性の高い有望企業の株式を厳選して組み入れるものがあります。投資信託の購入者といっしょに、投資先の企業を応援するアプローチをとる投資信託も出てきました。

それでも、これらの「新しい投資信託」でもできていないことがあります。

たとえば株式に投資を行う投資信託を通じて資金が届く先は、そのほとんどが大手企業です。なぜなら、不特定多数の人を対象に販売されている投資信託に組み入れることができる株式は、証券取引所に上場されている企業の株式に限定されているからです。

ルールがある以上、仕方のないことですが、現在は投資信託という仕組みを通じて、「今この瞬間にお金を必要としている未上場企業や個人」にお金を流すことはできないのです。

## 個人の小さなお金が世界を変える

この点を、貸付型クラウドファンディングが補完できます。

この仕組みを活用すれば、本当にお金を必要としている人に直接的に、お金を届けることが可能になるのです。

私たち一人ひとりが出せるお金には限界があるかもしれませんが、大勢の人が集まれば、それなりに大きな額のお金になります。その資金が、たとえばメキシコの女性起業家を対象にした融資に回されたとしたら、どうでしょう。その融資を受けた女性起業家が努力し、5年後、10年後には世の中を大きく変えるほどの経営者になって大活躍する日が来るかもしれません。

とても夢のある話だと思いませんか。

もし、このような話が仮定ではなく、現実に起こったらどうでしょう。みなさんは出資した1万円が、世の中を大きく変えるきっかけになったことを実感するはずです。私たちクラウドクレジットは、世界中のそういう案件をいくつも提案していきます。

もちろん、夢物語を語る気はありません。投資ですから、リスクがつきものです。そのリスクに関する状況もオープンにし、しっかりご理解いただいたうえで、投資に参加をしていただきたいと思っています。

そのうえで、「たとえ自分たちが自由に動かせるお金は小さくても、世の中を変える原動力にしたい」という人々の願いを乗せて、私たちクラウドクレジットがお金を必要としている人の元へ運び続けます。

## 貸付型クラウドファンディング

さて、クラウドクレジットという私たちの社名から、最近耳にすることが増えている「クラウドファンディング」という仕組みを連想する方も多いと思います。似たようなところはありますが、一般に使われる「クラウドファンディング」と「貸付型クラウドファンディング」には多くの違いがあります。

「クラウドファンディングと貸付型クラウドファンディングって何が違うの？」

両者の違いを簡単に説明していきます。

まずクラウドファンディングですが、いくつかの種類に分かれます。人によって分類の仕方は若干異なりますが、ここでは「購入型」「寄付型」「投資型」の3つに分けました。

①購入型クラウドファンディング

優秀なクリエイターが、あるすごいアイデアを思いついたものの、開発費用がなかなか調達できない——そんな時に、「購入型」が利用されます。開発が成功した場合、出資した人に対し、出資額に応じて「成果物」が支払われます。リターンは金銭ではなく、あくまでモノやサービスの形で支払われます。

②寄付型クラウドファンディング

次に「寄付型」は、この手の見返りをいっさい求めないものです。たとえば被災地支援などに、この形式を用いる場合があります。文字通り「寄付」ですから、あくまでも善意に基づいたものになります。

とはいえ、最近では寄付型でも若干の「お礼」が送られてくるケースもあります。

す。

③投資型クラウドファンディング

一般にイメージされる「クラウドファンディング」は①または②のことが多いと思います。

これらに対して「投資型」は、次のように「株式型」と「貸付型」に分かれます。

**投資型クラウドファンディング【株式型】**

株式型は、おもにベンチャー企業が資金調達するための手段で、投資家に出資してもらった金額に応じて株式を発行し、それを投資家に渡します。ただし、この時点で株式は上場されていないため、投資家は株式を自由に換金することができません。換金できるのは、基本的には、あくまでそのベンチャー企業が株式を上場したり、M＆Aで買収されてからになります。

投資家からすれば、これまで未上場のベンチャー企業に投資する機会は、ほとんどありませんでした。かつては「グリーンシート市場」といって、未上場企業の株式を売買できるマーケットが存在していたのですが、２０１8年3月で廃止されています。

それに取って代わり、個人でも比較的簡単に未上場企業の株式を入手する方法として、株式型のクラウドファンディングは注目されそうです。もちろん、ベンチャー企業への投資は、とてもリスクが高い世界。投資した会社が倒産したら、当然、株式の価値は大幅に減少してしまう可能性が高いといえます。そのリスクを理解したうえで投資するべきでしょう。

**投資型クラウドファンディング【貸付型】**

最後が、私たちクラウドクレジットが投資家の方々に提供している商品で、「貸付型」と呼ばれるクラウドファンディングです。

貸付型クラウドファンディングとは、簡単にいえば、さまざまなローンに投資するファンドと考えればいいでしょう。クラウドクレジットのホームページ（https://crowdcredit.jp/）をご覧いただくとわかりますが、「東欧金融事業者支援ファンド」、「メキシコ女性起業家支援ファンド」など、投資家から集めた資金の貸付先がはっきりわかりやすい名称にしています。

たとえば、私たちが扱うメキシコ女性起業家支援ファンドの場合、

①女性の経済的地位向上を目指して女性起業家への貸付に注力した金融機関向け案件

②不良債権比率の低減を実現した健全な業務運営
③マイクロファイナンス格付機関から高い評価を受けた事業者への投資

という条件を満たす、女性起業家向け融資を積極的に行っているメキシコの金融機関に、ファンドを通じて資金を提供しています。日本の個人が「メキシコ女性起業家支援ファンド」を購入すると、その購入資金がまさに今、起業のためにお金を必要としているメキシコの女性起業家に届けられるのです。

そして、資金を借りた女性起業家は、借り入れた資金に金利を乗せて、メキシコの金融機関に返済し、その一部が金融機関に資金を提供したファンドの収益になります。こうして、あらかじめ決められている運用期間が満了すると、ファンドを購入した投資家の手元に投資元本と運用収益が戻ってきます。

ファンドという形態を取ってはいるものの、メキシコの金融機関に資金を供給することで、実質的に銀行の融資と同じ役割を果たしているのです。

ということはつまり、個人の資金を出資しているみなさんも、間接的にある種の「銀行」機能を担い、資金を求めている世界中の人々の成長を助ける「あしながおじさん」になっている、ともいえるのです。物語のあしながおじさんは、孤児院で育った少女に毎月手紙を書くことを条件に奨学金を援助しましたが、貸付型クラウドファンディングの世界では、融資を受けた起業家には本業を頑張ってしっかり成長していただき、その果実の一部を金利の形で出資者にシェアしていただきます。

「あなたの小さなお金が世界を変える」と私が言うゆえんです。

## 正味のリスクとリターン

一見、銀行預金と同じ役割を果たしているように見えるクラウドクレジットのファンドですが、銀行預金と大きな違いがあるとしたら、出資金に対する元本保証がないことです。預金は元本保証をされていますが、リスク商品であるクラウドクレジットのファンドには元本保証は付いていません。

もちろん、融資先の選定などについては、現地にも足を運んでパートナーを選定し、できるだけ安全性を重視し、貸し倒れによって元本割れが起こるリスクが低減されるように配慮しています。それでも時々、ファンドに元本割れが起こるケースもあります。２０１９年２月26日現在、償還されたファンドは１７０本ありますが、このうち16本が元本割れ償還になりました。

どうして元本割れするのでしょうか。

投資信託は、組み入れられている株式や債券の価格が下落すると、投資信託の現在価値を示す基準価額が下がります。

これに対して貸付型クラウドファンディングの場合、融資という形で会社などに資金を供給しているため、融資した資金が金利と共に全額回収できれば、株式のようにマーケットの値動きで元本割れすることはありません。ただ、融資先が倒産するなどして貸したお金が回収できないケースが生じることがあるのです。この辺りは銀行の融資と同じです。

そのため、この手の焦げ付きが生じたとしても、「大幅な」元本割れリスクを低減できるよう、個人投資家の方にも複数のファンドへ分散投資することを強く推奨しています。クラウドクレジットが運用する複数のファンドにわたって投資していただけば、調子の悪いファンドや焦げ付きの生じたファンドの損失を、運用が順調に進んでいるファンドの利益で取り返し、トータルではしっかり利益を得られる確率を上げることが可能になります。

ファンド単体で見た場合、高い金利を設定している案件ほどリスクも高くなる傾向にあり、そうした「元本割れリスク」が顕在化する傾向があります。１００本以上あるファンドがすべて絶対に元本割れしない、とは決して断言できません。

個別のファンドが元本割れする理由のもうひとつが「為替リスク」です。日本で集めるお金は円ですが、たとえばメキシコの会社に融資する際はメキシコ・ペソ建てになります。融資先の企業が返済するお金もメキシコ・ペソ建てですので、ファンドの運用中に為替レートが円安になれば為替差益が、円高になれば為替差損が生じます。あまりにも激しく円高が進むと為替差損が大きくなり、それによって円建てで受け取った元利金がもともとの元本金額を割り込むことも起こりえます。

クラウドクレジットのホームページを見ていただくとわかりますが、扱っている各種ファンドとその利回り（年率）を表示しています。２０１８年11月現在は２・３％～13・５％のファンドが掲載されていますが、これらはあくまで「表面利回り」です。必ずその利回りで運用することをお約束する、というものではありません。

ここまで紹介してきた通り、貸し付けたお金の返済が遅延したり、貸付先企業がデフォルトしたり、または為替レートが円高になってしまうと、ファンドの損益が表面利回りを下回ってしまいます。

資産運用で大事なのは、株式だけ、債券だけというように、単一の資産だけで運用するのではなく、さまざまな資産にお金を分散させることです。クラウドクレジットのファンドに投資するのは、あくまでも持っている資産の一部に留め、ほかに預金や投資信託なども組み合わせた資産運用を行うことを強く推奨をさせていただいています。

クラウドクレジットのお客様の平均的な投資金額は、一人70万円程度です。みなさんの大切なお金をお預かりし、世界の人々の成長に貢献できる喜び、また、その結果としての金利収入に魅力を感じる人と一緒に、クラウドクレジットという〝船〟に乗って進んでいきたいと考えています。

## 「インパクト投資」に参入

さて、クラウドクレジットでは、２０１８年1月から世界のマイクロファイナンス機関などに融資を行うファンドを提供し始めました。これにより、最近話題となっている「(社会) インパクト投資」に、個人が簡単に参加できる仕組みを作ることができました。

インパクト投資とは、環境 (environment)、社会 (social)、企業統治 (governance) に配慮している企業を重視・選別して行うＥＳＧ投資の手法のひとつで、投資することにより社会的課題の解決と経済的利益が両立することを目指すものです。

具体的には、アフリカの未電化地域の電化を進める電力事業者に融資するためのファンドも提供し、今後も農業ファイナンスなど、融資を行うセクターを順次拡大していきます。

「食糧不足」「環境問題」「教育・医療」など、世の中には解決すべき社会的な問題がたくさんあります。従来は慈善団体や政府がこうした問題に対応してきましたが、社会問題の深刻化、多様化によって、従来の態勢のみでは対応しきれなくなり、民間セクターの力が必要になってきました。

ただ、民間セクターが動くためには「リターン」が必要です。寄付・慈善活動であれば無報酬でも構わないのですが、無報酬ではできることにも限りがあります。

そこで、民間セクターが持っている革新的な技術やビジネスモデルを使って社会問題の解決を目指すと同時に、企業もリターンが得られるようにしたものこそ、インパクト投資です。

インパクト投資においては、経済的リターンの獲得について妥協せず、その一方で、社会的リターンを具体的に測定できる点が通常の投資と異なります。

２０１９年３月現在、クラウドクレジットは１６０億円を超える金額を世界の資金需要者の方に貸し付けてきましたが、こうしたインパクト投資ファンドといえるものは、まだまだその中のごく一部です。今後も日本の個人投資家の方の投資資金が世界の社会課題を解決する事業に届き、還流することを目指す、インパクト投資ファンドを増加させていく予定です。

# 第2章　新しい銀行を創ろう～クラウドクレジットに辿り着くまで

## なぜ融資で世界をつなぐのか?

2019年2月現在、世界をつなぐ貸付型クラウドファンディングを一定以上の規模で行っているのは、日本でも世界でもクラウドクレジットくらいです。

「お金が余っている国とお金が足りない国をつなぐ金融」というコンセプト自体は、金融が本来やるべきことをするだけなので、理解を得やすいと思います。

しかし、言うは易し、行うは難し。実際に貸付型クラウドファンディングという仕組みを用いて世界をつなぐ金融サービスを運営するには、世界の金融市場という怪物と対峙《たいじ》し続けなければなりません。ヘッジファンド運用のような高度な金融ノウハウや、国内外の金融法制にのっとった運営を行うための法務リテラシーなども求められます。

もちろん、今のクラウドクレジットを形作っているのは私だけではありません。たとえば、サービスを支えるＩＴエンジニアリングはエンジニアのメンバーが、当社のことを世の中に知っていただくためのマーケティングはＣＭＯ（Chief Marketing Officer）が、そして、会社を支える財務はＣＦＯ（Chief Financial Officer）が担い、強固なチームとして動いています。

とはいえ、そもそもなぜ私が、クラウドクレジットという世界中の事業者に融資を行うサービスを作りたいと思うようになったかをお話しさせていただくことにも、意味があるように感じます。

たとえば、クラウドクレジットのミッションに興味を抱いた人にとっては、その成り立ちと想いを、起業家を目指す人にとってはゼロから事業をおこすジェットコースターのような起伏を知る機会になるのでは、と思いました。

そこで本章では、私が起業してクラウドクレジットというサービスを作るに至るまでのエピソードを少し紹介したいと思います。

## 防衛大学校志望から東大へ

かれこれ20年も前になりますが、高校時代の私は、将来起業しようなどという考えは微塵《みじん》もなく、普通の高校生活を送っていました。

そんな中、戦略、戦術、戦史関連の本にハマってもいました。年に１００冊くらいは読んでいたためか、大学受験を迎えた時、自分の進路として真っ先に浮かんだのが防衛大学校でした。自衛隊に入ろうと思ったのです。

私が高校生活を送った1998年から2001年は、バブル経済崩壊の影響が長引き、日本でも銀行や証券会社が倒産してしまう金融危機が起きている最中でした。それでも、日本経済の競争力は世界でもまだ強いほうでした。自分が社会に出ることをイメージすると、経済・ビジネスの分野では非常に秀でた方が大勢いるように感じられます。自分がそこに飛び込んだとして、果たしてどこまで付加価値を出せるのかはわかりません。

一方、自衛隊はその当時、冷戦が終結して10年近く経とうというのに戦車がほとんど北海道に配備されているなど、高校生の私が見ても、現状に合った安全保障の体制になっていないように感じられました（現在と比べて隔世《かくせい》の感があるのですが）。そういった非効率が残っている分野でこそ、自分は付加価値を出しやすいのではないか——と17歳の私は考えたのです。

防衛大学校は、実際に受験して合格をいただきました。でも、結論を言えば、防衛大学校には入らず、突然の志望変更で東京大学に入学することになりました。

高校3年の1学期も終わろうとしていたある日のこと。担任の先生、次いで進路指導の先生から呼び出されました。私は防衛大学校志望一本でしたが、先生たちからは「なぜ？」と聞かれるので、「防衛大学校にしか興味がないからです」と答えていました。

すると、今度は校長先生と話すことになりました。私は校長先生の言葉に、自分の志望を考え直すことにしました。校長先生は私に、何と言ったのか――。

「確かに防衛大学校に入って生粋の自衛官になるという道もあるけれど、そういう道は多くの自衛官が通る。でも、たとえば東京大学に入学すれば、同期に官僚など政府関係者になる人が大勢いるはずです。そのコネクションを駆使して、インテリジェンスを使う自衛官になることもできる。そのほうが21世紀に相応《ふさわ》しい、新しいタイプの自衛官としての価値を発揮できるのではないかな？」

確かに、それはそれで面白い！　と思った私は、あっさりその場で東京大学も受験することに同意しました。北風と太陽といいますが、校長先生にもなられるような方は人の説得がうまいのだなあ……と感心したことをよく覚えています。

ただひとつ、問題がありました。私は高校時代は理系クラスに所属していたのですが、校長先生から示唆《しさ》を得た目的を実現するには、東大法学部に進学するべく「文科一類」という文系コースを目指さなければなりません。でも、高校2年から理系クラスだったため、世界史などはほとんど勉強していなかったのです。

大学入試まで残された時間は7ヵ月。センター試験まで残り6ヵ月です。この短い期間で、昔々ネアンデルタール人がいて……というところから現在までの歴史を、一通り網羅しておく必要があります。

当然のことですが、普通の勉強の仕方では、合格ラインに届くはずがありません。そこで私は、これまで戦略・戦術・戦史関連の本を通じて学んできた2つのエッセンスを、とことん実践することにしました（受験攻略本のような話になってきましたが、ご容赦を！）。

## ●エッセンスその1「選択と集中」

東大の入試問題は、確かに難しい内容です。しかし、過去の傾向を調べると出題範囲がかなり狭《せま》く、かつ5割くらいの点を取れれば、ほぼ合格できることがわかりました。

ならば、広い範囲を満遍なく勉強するよりも、特定の分野を完璧にしたほうが効率よく点を取ることができます。よくよく調べてみると、世界史の場合、教科書と補助教材を4冊丸暗記すれば、ほぼ確実に5割くらいの点は取れます。そこで、その4冊に集中することとし、何ページに何が書いてあるかがすべて空で言えるまで覚えました。

### ●エッセンスその２「第一次世界大戦における塹壕《ざんごう》戦の教え」

第一次世界大戦は、戦いが膠着《こうちゃく》状態に陥《おちい》り、両陣営とも最前線の兵士たちが塹壕戦で長期間耐えるハメになりました。そこから、自分が辛いと感じている時は、敵も同じように辛いと感じている。そこであと一歩の攻撃を仕掛ければ、敵は意外と簡単に崩壊する――そんなイメージを描きました。

これを受験になぞらえれば、「自分が勉強するのが辛い時はほかの受験生も辛く、勉強を中断しがちになるはず。自分はそこを耐えて勉強し続けたら差がつく」という仮説が成り立ちます。

私は、これら２つのエッセンスを徹底的に実践しました。その結果、本格的に勉強を始めて１ヵ月後に行われた東大受験者用全国模試の文科一類志願者の中で17位になり、そのまま本番も無事合格できました。

こうした勉強をしていて気づいたのは、社会には意外と基本的なところにアービトラージ（価格差など〝ギャップ〟を利用して利益を得ること）の機会があるということです。

「文系の勉強を始めて1ヵ月で全国17位になった」と言うと、たいそうなことのように聞こえるかもしれません。でも、一緒に勉強しようと図書館に行っても、すぐどこかに遊びに行ってしまうなど、集中できていない生徒はたくさんいました。文科一類を目指す人はまだしも、文科二類、三類を志望する人ほどその傾向が顕著でした。あくまで個人的な経験に基づくものですが、実感としては、理系で地方の大学の医学部を受験するほうが難しいのではないか、と思ったくらいです。

意外なところにギャップが存在し、そこを突くことでチャンスをものにできる。これは受験にとどまらず、その後も私のキャリアの中でベースになる視点となりました。

## 金融工学に目覚めた大学時代

大学に入ると、私の興味・関心は、安全保障から金融分野に移ります。

きっかけは、2年生の時に読んだ『天才たちの誤算――ドキュメントLTCM破綻《はたん》』（日本経済新聞社）という一冊の書籍でした。米国のヘッジファンドであるLTCM（Long Term Capital Management）が破綻してしまうまでのストーリーを追ううち、理論で金融市場に立ち向かっていくトレーダーたちの姿に激しく共感している自分がいました。

ＬＴＣＭは、１９９４年に運用をスタートし、当時は「ドリームチーム」とまで言われました。というのも、ＦＲＢ（米連邦準備制度理事会）元副議長のデビッド・マリンズ、のちのノーベル経済学賞の受賞者であるマイロン・ショールズとロバート・マートンらが、パートナーに名を連ねていたからです。

そして、そのドリームチームを率いていたのが、かつてソロモン・ブラザーズという米国の投資銀行で債券トレーダーとして活躍した、ジョン・メリウェザーでした。ジョン・メリウェザーは、マネックス証券の創業者である松本大《まつもとおおき》さんの師匠にもあたるそうです。

なにしろドリームチームですから、運用がスタートしてしばらくは非常に高いリターンをあげ、マーケットでも注目されました。ところが、１９９８年のロシア金融危機によって計算に狂いが生じ、最終的には破綻に追い込まれました。

まさに「天才たちの誤算」だったわけですが、高等数学を駆使してマーケットに立ち向かう姿に、私は「自分が生きる道はこれ（金融工学の世界）だ！」と思うようになりました。

法学部に入ったものの、法律の勉強に対する興味は薄れていきます。

公認会計士の予備校に通ったこともありましたが、しばらくすると予備校の授業中に、金融工学のテキストを持ち込んで一人で勉強するようになりました。

「ああ、自分はもう金融工学にしか興味がないんだな」

そのことに気づいた私は、やがて予備校に通わなくなり、ひたすら自分で金融工学のテキストを読み漁《あさ》るようになっていきました。

## 「挫折」と「新しい希望」

金融業界のことを知れば知るほど、私の中に、今度は焦《あせ》りの気持ちが湧き上がってきました。金融工学の世界は日々進化しています。相当勉強を積み重ね、アップデートしていかないと、きわめて複雑な仕組みを持つ金融商品のトレーディングができないことに気づいたからです。

「法律の勉強などしている場合ではない」

ついには、東大法学部にいること自体が疑問に思えてきました。

とはいえ、公認会計士の予備校を途中で挫折したことで、授業料を出している親からこっぴどく叱られていました。そのうえさらに、大学の学部の進路まで変更するなどとは、なかなか言い出せません。

そこで、統計学など金融工学の基本を用いて保険商品の設計などを行う「保険数理人（アクチュアリー）」になるための資格を取ろうと考えました。少しでも金融工学の近くに身を置こうと考えたのです。

いろいろ調べた結果、米国のアクチュアリー試験に合格するための勉強を始めることにしました。なぜ、米国を選んだのか。日本のアクチュアリー協会に確認したところ、「学生のうちに日本のアクチュアリー試験を受ける場合は、日本の保険会社に内定していて、かつ内定先企業からの推薦がないと受験できない」と言われたからです。

こうして、大学3年生になっていた私は、米国アクチュアリー試験の勉強をしながら、同時に外資系金融機関に入るための就職活動もスタートさせました。

米国アクチュアリーの初等試験には合格したものの、外資系金融機関の就職試験は全滅。すっかり金融工学に染まっていたとはいえ、法学部に在籍していた私が、「クオンツ（高度な金融工学の手法を用い、マーケットの動向などに対して分析や予測を行う業務）か、金利デリバティブのトレーダーにしか興味がありません」と面接で言い続けたのが、徒《あだ》になったのでしょう。

でも、「捨てる神あれば拾う神あり」という言葉は本当です。

3年生も終わるころ、私は大和証券SMBC（当時）のインターンシップに参加していました。すると、当時はM&AやIPO（新規上場）が投資銀行の中でも人気職種だったため、クオンツチームのポジションがガラ空きだったのです。

私と同じように、クオンツチームでインターンシップに参加していたほかのメンバーは、理系や大学院生がほとんどでした。しかし彼らはみな、応募が殺到したM&AやIPOのチームから抽選で外れてしまい、クオンツのワークを2週間行うことになっただけでした。

金融工学のバックグラウンドやモチベーションでは私が突出していて、2週間のインターンシップ期間内のアウトプットについても担当社員の方から高く評価をいただいている感触がありました。これが効いたのか、相変わらず採用面接で「クオンツか金利のデリバティブがやりたい」と言い続けていたにもかかわらず、大和証券SMBCから無事に内定をもらうことができました。

4年生になると、友人の友人が経済学部にいて、金融工学ゼミでゼミ長をしていることがわかりました。その縁で、他学部でしたがそのゼミを聴講させていただくことができ、4年生の1年間は金融工学の勉強ばかりしていました。

## なんでデリバティブじゃないの？

大和証券ＳＭＢＣに入社した私は、最初の3ヵ月間は同期と一緒に新入社員研修を受けました。半分が投資銀行業務に関する内容で、もう半分が株式や債券などの市場業務に関するものです。

研修は問題なく進みましたが、しかし、配属先を意識するころになって、会社と私のあいだで大きな食い違いが生じてしまいました。

私は、学生時代にクオンツ部署のインターンシップに参加し、そこで出した成果が評価されて入社できたと思っていました。ところが、入社した4月の組織改編で、そのクオンツ部署が、株式の社内ヘッジファンドとリスク管理部に分割されてしまったのです。

新入社員研修は佳境に入っていました。人事部から「株式の社内ヘッジファンドには興味ある？」と聞かれましたが、「金利にしか興味がありません」と即答。次に「国債のトレーディングには興味ある？」と聞かれたので、「デリバティブにしか興味がありません」と答えました。すると人事部は、「国債なら大学院卒でなくてもトレーディング部署に行けるのだけど、デリバティブのトレーディングは大学院卒のみだから、もしデリバティブの部署を希望するなら、最初はリスク管理や契約書作成を担当してもらい、数年間それを経験してから、トレーディングの配属になるよ」と言うのです。

「それで結構です。デリバティブのトレーディング部門に行かせてください」

そう返事をしたところ、本当にデリバティブの契約書作成の部署への配属になりました。配属して仕事が始まると、文字通り「契約書の作成」が仕事でした。

19歳で金融工学を駆使するトレーダーを志し、3年間ひたすら金融工学の勉強をし続けてきました。いくらデリバティブ関連の部署とはいえ、契約書作成に金融工学の知識を使うことはまったくありません。加えて現場では、私がどのような経緯でここまで来たのかも知りません。「君は法学部出身なので、契約書作成が一通りできるようになったら、今度はデリバティブをメインにして法務部の仕事に関わってもらいたい」などと、上司に言われるようになってしまいました。

正直、これには本当に参りました。いつまで経ってもデリバティブのトレーディング業務に携《たずさ》わることができないのは明らかでした。

今にして思えば、金融機関の業務がどのように回っているのかを理解するうえで、非常に貴重な機会をいただいていたと思います。しかし、当時は個人的にかなり厳しい心境だったと記憶しています。

## 実需のマネーフローの壁に直面

そんな日々を送っていた入社3年目になる4月――。なんと、債券部門でも社内ヘッジファンドが立ち上がることになりました。しかも、私もそれに参加できることに！

しかし、喜び勇んで参加したこの社内ヘッジファンドで、私がトレーダーとして高い実績をあげられたかというと、恥ずかしながら〝完敗〟でした。

バックオフィスの仕事で培《つちか》った事務処理の速さ、正確性、シニア・トレーダーのポジション管理などでは一定の役割を果たしたと思います。でも、肝心のトレーディングでは、どのようにすれば勝てるのか皆目見当もつきません。

先物を売ったり買ったりしても、「当たるも八卦《はっけ》、当たらぬも八卦」の状態。それまで学んできた金融工学の知識を総動員してトレーディング戦略を練《ね》っても、マーケットはその通りには動いてくれません。

敗北感に打ちひしがれながらトレーディング経験の豊富な方の話を聞いていく中で、私は、「デリバティブだ」「ヘッジファンドだ」などと仰々《ぎょうぎょう》しく言ってみたところで、結局は実需のマネーフローを理解していなければマーケットで勝つことはできない、ということを学びました。マネーフローとは、「資金循環」という言い方もされますが、要するに個人や企業、金融機関の間で、どのようなお金の取引が行われているのかを示したものです。

そこで私は、実需のマネーフローを勉強する〝旅〟に出ることにしました。転職です。新しい場はイギリスのリテール銀行であるロイズ銀行を選びました。10年ほど実務を通じてマネーフローを学び、35歳前後でシンガポールあたりのヘッジファンドに移ろうというのが、25歳当時の私が考えたキャリアプランでした。

## ロイズ銀行で再スタート

転職先のロイズ銀行では、前職で得たスキルを活かし余裕資金の運用を担当するようになりました。そしてその一方で、実需のマネーフローを見るという目的を果たすためにリテール事業、つまり個人や中小企業を対象にした金融事業から生じる資金や為替のポジションを管理する資金部での仕事にも同時に従事させてもらったのです。

このロイズ銀行での仕事は、想像以上に面白いものでした。

マーケットで短期売買を繰り返し、売買益を得ようとすると、典型的な「ゼロサムゲーム」になります。誰かが勝って利益を得ると、一方でほかの誰かがその分負けて、売買に参加している人全員の損益を足すとプラスマイナスゼロになる、というものです。

これに対して、実需に対する金融サービスはまったく違います。お客様が海外から原材料を輸入する対価を銀行から送金する場合、お客様は原材料を輸入できてハッピーになり、その製品を必要とする顧客をハッピーにすることもできます。さらに銀行は、海外送金というサービスを提供することで手数料が得られるので収益が上がってハッピー。しかも手数料は、トレーディング収益とは違って勝ち負けに左右されないため、定常的に収益が上がります。

マーケットでの売買で利益を得ようとする時は、0・01％、あるいはそのさらに10分の1という非常に小さな値動きを凝視し続けています。ところが、マネーの実需に基づくお客様との取引では、きちんとしたサービスを提供できれば、それによって1％、あるいは2％の手数料収入を得ることができます。

まして、リーマンショックのようにマーケットが大暴落すると、株式や債券のトレーディングで収益を得ていた人たちはまったく身動きが取れなくなります。収益が得られないばかりか、保有していた株式や債券の価格暴落に巻き込まれて、大きな損失を被《こうむ》ります。

これに対し、海外送金事業は相場の動向に影響されにくいといえます。たとえば、海外留学中のお子さんのいる方、海外から日本に出稼ぎに来て本国へ仕送りをしている方などは、定期的に資金を海外に送金するニーズがあります。そのため、金融危機で世界中の金融機関が大混乱に陥っている中でも、ロイズ銀行の海外送金部門は堅実に売上を増やしていました。

また、ロイズ銀行東京支店で勤務して新鮮だったのは、当時の東京支店にはスタッフが50人もおらず、とても小さい組織だったことです。

このくらいコンパクトな組織だと、ベンチャー企業ほどではないにしても、各人がより幅広い業務を担当することになります。「この仕事は、どこそこの部署の担当だから、勝手に手を出すな」といった縄張り争いになることも少なく、より柔軟に、幅広く業務を行うことができました。

たとえば、私の担当だった資金部では、昔作られた業務フローがそのまま残っていたりしました。そこで、前職の社内ヘッジファンドで培った、エクセルのマクロを駆使する技能を活用し、業務の自動化・効率化を進めました。結果、これまで2時間かかっていた作業を5分、10分で終わらせることが可能になりました。

業務フローを細かく見直し、改善を進め、運用業務や資金・為替業務に関わるリサーチやさらなる業務改善に時間を使えるようにする。徹底的に行うことで、従来1人では12時間程度かかっていたルーチン作業を、2～3時間程度に短縮することができたのです。

ちょうどそのころ、東京支店長が、全支店レベルで業務改善運動に取り組むことを優先プロジェクトとして掲げました。すると、所属する部署で8割の業務効率化を実現した私に白羽の矢が立ち、業務フロー改善のプロジェクト・マネージャーを任されることになったのです。マネーフローを勉強するために転職したロイズ銀行でしたが、これも得難い経験になりました。

## リーマンショックで30兆円不足！

私がロイズ銀行に入行したのは、２００７年夏からの「サブプライム危機」が進行している最中でした。

それでもトリプルAという非常に高い格付けを維持していたのは流石《さすが》でしたが、サブプライム危機に引き続いて起こったリーマンショック（２００８年9月）によって、いきなり厳しい事態に追い込まれていきました。

イギリス最大手の住宅金融会社ＨＢＯＳ（Halifax Bank of Scotland）が経営危機に陥り、ロイズ銀行が救済のための合併を行うことになったのです。一般の人は本当のことを知る由《よし》もありませんが、これにはイギリス政府の指示があったともいわれています。

ＨＢＯＳの資産規模は、ロイズ銀行の2倍もありました。いくらロイズ銀行が健全行だったとしても、自行の2倍もの資産規模で、流動性（資金繰《ぐ》り）に難題を抱えた住宅金融会社を買収すれば、一緒に奈落《ならく》の底へ落ちていくのは自明です。

予想通りというべきか、ＨＢＯＳを買収したロイズ銀行にも流動性問題が発生しました。つまり、資金不足に陥ったのです。その額は実に約30兆円。

もちろん当時は、イギリスの中央銀行が大規模な資金供給を行っていたため、即座に銀行の経営危機につながるというものではありませんでした。しかし中期的に見れば、中央銀行からお金を借り続けるのは健全な姿ではなく、市場で民間企業からお金を調達することが必要になります。

そこで、非常にざっくり言うと、ロンドン本店から世界中の支店に「30兆円の安定調達ソースを作ってほしい！」という大号令がかかりました。私もその時に関わっていた３６００億円規模の運用どころではなくなり、日本の大手機関投資家に、ロイズ銀行が発行するコマーシャル・ペーパーに投資を行う興味はないかヒアリングする活動を行うようになりました。

しかし、リーマンショックなどの金融危機がようやく収まってきたタイミングで、ギリシャ危機やスペイン危機が起こり、日本の機関投資家たちからは「たとえ償還まで数ヵ月程度という短い期間だったとしても、ロイズ銀行の社債を購入するのは難しい」と言われるばかり。

## 金利差で莫大な資金を集められる

そんな中、２００９年の秋ごろだったと思います。ある同僚が、東京支店のマーケティングのヘッドから、リテール預金事業拡大の可能性についてリサーチの依頼を受けました。私の同僚に「どう思う?」と相談してきて、私も一緒になってリサーチを行った結果、「これは相当面白い」という結論になりました。

ちょうど、そのころのことです。預金残高が心許ないと噂されていた日本の中堅銀行が、他行に比べて高めの利率を提示して円預金を集めたところ、すぐに兆円単位の資金が集まり、あっという間に資金不足が解消したケースがありました。この様子を見て、私は「ロイズ銀行が、高い利率の預金を日本人向けに提供すれば、兆円単位のお金が調達できるはずだ」と考えました。

イギリスでは資金需要が非常に旺盛《おうせい》で、いくらでも借り手がいる状態でした。高い利率を提示して預金を集めても、さらに高い貸付金利でお金を貸し出せば利鞘《りざや》が稼げるし、財務面でも何ら問題は生じません。ロイズ銀行が高い利率で預金を集めれば、それだけ高い利子を得られる日本の預金者はハッピーですし、集めたお金をイギリスに持っていくことで、イギリスで「お金を借りたい」と思っている人たちのニーズを満たすこともでき、かつロイズ銀行は資金不足という当座の問題をクリアできます。

私は、すさまじく大きな機会に興奮しました。

同僚と一緒に、東京支店の支店長、副支店長に対して「絶対にやるべきです！」と、このアイデアをプレゼンテーションしたところ、２人とも「これは凄《すご》いことになるぞ！！！」と、俄然やる気ムードです。当時26歳だった若造には、十分過ぎるほど刺激的な瞬間でした。

年が替わった２０１０年。プロジェクトはどんどん進んでいきました。でも残念なことに、結局このプロジェクトが日の目を見ることはありませんでした。

プロジェクトの詳細まではこちらではお話しをすることができませんが、ひとつ言えることは、今振り返ると、失敗にこそ終わりましたが、とてもエキサイティングなプロジェクトだった、ということです。また、世界中から集まった仲間たちと大きなプロジェクトを形にしようと情熱的な時間を過ごしたことは、かけがえのない経験だった、と思います。

東日本大震災が起きた2011年の春ごろ、このプロジェクトは実現が難しくなっていきました。そして、その年の暮れ、私は「会社がプロジェクトを進められないのなら、自分がやってしまえばよいのでは……?」と考えるようになっていました。

# 第3章　新しい銀行を創ろう～起業編

## 「世界をつなぐ金融」がやりたい

ロイズ銀行東京支店での、日本とイギリスをつなぐ預金プロジェクトの立ち上げ構想は頓挫《とんざ》しました。しかし、「資金不足の国と資金余剰の国とを結びつける金融」を実現したいという私の気持ちは、日に日に強まっていきました。

地球規模で「お金の偏在」、つまりお金のあるところと不足しているところとの差がどんどん広がっている。それを解決するための方法があり、このビジネスが大きな収益機会につながることもわかっている。にもかかわらず、ロイズ銀行東京支店では、そのビジネスはこの先も実現できそうにない——。

そこで2012年が明けたころ、私は転職を検討し始めました。

具体的には、日本の銀行に転職をして世界をつなぐ銀行業を立ち上げる、もしくはコンサルティング会社に就職して、日本の銀行に世界の銀行業というブルーオーシャンを紹介して、邦銀の海外進出サポートを行うことなどを考えました。

しかし、地域金融機関が苦境に陥《おちい》り、それを打開する策を誰も持ち合わせていないことが常識になった2019年現在ならともかく、2012年当時は、私のこのアイデアは誰にも相手にされませんでした。コンサルティング会社の採用面接で、「日本の銀行業はこのままでは大変なことになる。それを避けるためには、世界というブルーオーシャンに乗り出さなければならず、そのサポートを行いたい」と言い続けたところ、主要な戦略コンサルティング・ファームの面接は全部落ちました。

そんな中、転職エージェントの方から、GREEというゲーム会社の面接を受けることを何度もすすめられました。このころGREEは、積極的な海外展開を進めており、大量採用を行っていたのです。

事業内容に興味があったといえば嘘になるのですが、「世界をつなぐ金融」以外のことを今後自分がするとしたらどういうパターンがあるのかな？　というくらいの気持ちで面接を受けました。

しかし、自分でも想像もしていなかったのですが、私は採用面接の1時間、「世界をつなぐ金融」について語り続けることになりました。お時間をいただいた面接官の方にはたいへん失礼だったと反省しています。

ゲーム会社の採用面接で、最初から最後まで「世界をつなぐ金融」について語る自分の姿を客観的に省《かえり》みて、「ああ、自分にはもう〝これ〟しか考えられない。もしほかのことをしたとしても、心ここにあらずなんだろうな」と気づかされました。

のちにクラウドクレジットを設立した当初は、苦難の連続でした。そのため、「よくあきらめようと思わなかったね」と言っていただくことがあります。あきらめることがなくなったきっかけは2つあるのですが、そのうちのひとつがこの時の経験でした。

## 起業という選択肢に気づいた瞬間

ＧＲＥＥの採用面接を受けたことで、私の中でもうひとつの気づきがありました。それは、「会社を自分で作ってしまう」という選択肢が世の中にある、ということです。

さすがの私も、採用面接の前には予習としてＧＲＥＥのホームページで事業内容や社長の理念を読んでいました。その中に、ＧＲＥＥの田中良和《たなかよしかず》代表取締役会長兼社長の「社長の想い」というメッセージがありました（２０１９年1月現在でも、まったく同じメッセージが掲載されています。興味のある方は、サイト内の〈会社情報〉→〈社長の想い〉というふうにクリックしていけば、私が見たページに辿り着きます）。

田中社長の熱いメッセージを読み進めるうち、私は「世の中には『起業する』という選択肢もあるのか！」とハッと気づいたのです。実は私は、それまで起業について考えたことが一度もありませんでした。これは大きな、そして新しい発見でした。

自分は「世界をつなぐ金融」以外のことを考えられなくなっている。そして、世の中には「起業」という選択肢がある。ならば、起業して自分で「世界をつなぐ金融」を行う会社を作ってしまえばよい――。２０１２年４月のことでした。

進むべき道に気づいたら、あとはアクションを起こすのみです。

起業という選択肢に気づいてから72時間以内に書店に行って３冊の書籍を購入しました。のちにご縁があってお世話になることになる磯崎哲也《いそざきてつや》さんの著書『起業のファイナンス』（日本実業出版社）、現在はライフネット生命保険取締役会長を務める岩瀬大輔《いわせだいすけ》さんの著書『１３２億円集めたビジネスプラン』（ＰＨＰ研究所）、そして、銀行の作り方について書かれていた専門書。これらを読み込むことから、私の起業準備がスタートしました。

## 起業塾のプレゼンテーション

折しも、岩瀬大輔さんが「起業塾」を開催されることを、私はネット上の情報で知ります。現在はこういった機会も多くありますが、２０１２年当時はめったにないもので、本当にありがたい機会でした。さっそく申し込むことにしました。

起業塾は2日に分かれていて、1日目は、岩瀬さんが講義を行い、次にミクシィの笠原健《かさはらけん》治《じ》社長（当時）のお話を聞くというものでした。

そして、本番は2日目です。この日の内容は、ベンチャーキャピタル業界でも著名な日本テクノロジーベンチャーパートナーズ（ＮＴＶＰ）の村口和孝《むらぐちかずたか》さんと岩瀬さんに、20人くらいが次々にプレゼンテーションを行うというものでした。そして、村口さんが「いい」と思った案件には出資もあるかもしれない、とのことでした。

岩瀬さんのライフネット生命は、開業前に１３０億円という大きな額の資本金を投資家から募《つの》って、ネット生保の事業の立ち上げを行っています。そこで私は、キャピタリストの方からのエンジェル投資を狙うのではなく、岩瀬さんに対して事業プランをアピールし、１００億円の資本金の集め方のノウハウを伝授していただこうと狙っていました。

１日目のセッションと2日目のセッションの間は2週間空いていました。まだロイズ銀行に在職していた私は、取らずにいた休暇をまとめて取得し、みっちり2週間かけて50ページくらいの事業計画を作り上げました。

そして当日。私はまだ人前でプレゼンテーションを行うことに慣れていなかったため、かなり悲惨なものとなりましたが、岩瀬さん、村口さん、セッション参加者に向けて事業計画について3〜5分くらいの時間、必死にお話をさせていただきました。

岩瀬さんからは「今日の発表者の中で一番スケールの大きな事業計画」と好評価をいただきました。しかし、「必要な資本金100億円を集めるにはどうすればよいでしょうか？」と質問をしてみたところ、「この事業モデルはいわゆるアービトラージであり、この事業がうまくいったらみんなが同じことをして、事業機会はすぐなくなってしまう」と言われてしまいます。

今でこそ、世界の事業者に投資としてのお金を届ける市場は世界的な規模となっていて、10年や30年といった期間で世界の課題が解決するのであれば、人類はユートピアの世界に突入するという確信があります。逆に言えば、50年、100年経っても完全に解決するかはわからない分野にクラウドクレジットは挑んでいるつもりで、「そこに長期的な事業性がある」とも確信をしています。

でも、当時の私は知りませんでした。ベンチャーの事業プランに共感してもらうためには、「エレベーター・ピッチ」ともいわれますが、15〜30秒で大枠を説明して、「ああ、それいいね！」と思ってもらうことが大事なのだ、ということを。大上段に構えたプレゼンテーションを展開し、〝そこ〟を外してしまった私は、結局、この「起業塾」でも資本金100

億円の集め方がわからないままでした。

そして実は、私はここでいったん起業をあきらめます。

## 心が折れることがなくなった日

「起業塾」のセッションで100億円の集め方を岩瀬さんから伝授してもらうという目論見がはずれた私は、また普通に日本の銀行に転職することを考え始めました。しかし、その期間は長くは続きませんでした。

ちょうど1行目の銀行の採用面接を受ける直前に、「もし本当に起業できそうになったら、一緒にやろう」と話していた知人が連絡してきました。彼は、私が起業をあきらめることに納得がいかず、「知人の知り合いが、以前に債権回収事業を立ち上げて成功している。当事者本人はもう海外に行ってしまったが、自分の知人にその時の話を聞きに行こう」と言うのです。

「話を聞くくらいなら……」と、金融で起業して成功した経験談を聞きに行くことになりました。

その方のお話自体にはビビッとくることはなかったのですが、銀行の起業とは全然違う話を聞いているうち、私の中になぜかインスピレーションが降りてきたのです。「そもそも『世界をつなぐ金融』を実現するのに、銀行を設立する必要はないのでは？　ただの貸金業者でよいのでは？」と。

貸金業として設立するのであれば、元本保証の預金を取り扱う銀行のように100億円の資本金を積む必要もなく、スモールスタートができます。これは大きな気づきでした。

とはいえ、預金を取り扱わない場合は、「誰からお金を調達するのか？」が問題になります。

「どうしたものか……」

頭を悩ませていると、ある友人が偶然、「貸付型クラウドファンディング」という仕組みがあることを教えてくれました。「これだ！」と、ひらめいた私はさっそく、現在はGojo & Companyというマイクロファイナンスの会社を運営されている愼《シン》泰《テ》俊《ジュン》さんが書かれた『ソーシャルファイナンス革命』（技術評論社）という書籍で、貸付型クラウドファンディングの仕組みを調べ始めます。

こうして、ついに「世界をつなぐ金融」を実行するための仕組みが固まりました。一度はあきらめかけた起業でしたが、壁にぶち当たっても人に話を聞きに行くなど動き続けることで、思ってもみないところから突破口が見つかり、前に進めるものなのだと学びました。

２０１２年7月か8月くらいのことでしたが、これ以降、私はクラウドクレジットという仕組みを作ること、運営することをあきらめようと思ったことは一度たりともありません。

## 最初の投資先国はペルー!?

「世界をつなぐ金融」を実行する仕組みが決まれば、次に決めるべきは「まず、どこの誰にお金を届けることから始めるか」です。さっそく投資先国の選定を開始しました。

銀行の設立を考えていた時は、預金金利は日本最高水準で、安全な貸付を世界で行う銀行を創ることを考えていました。しかし、貸付型クラウドファンディングという切り口なら、ハイリスク・ハイリターンのセグメントでサービスを提供するほうがニーズが高いのではないかと頭を切り替えました。そして、先進国よりも新興国を中心に、30程度の国をリストアップして最初の投資先国の選定を行いました。

選定基準は７つありました。

①その国の成長力
②マクロ経済の安定
③経済成長と表裏一体の、高い金利で貸付を行えること
④貸し手、投資家保護法制を中心とした金融法制の整備状況
⑤金融全般のプラクティス（たちの悪い資金回収が国全体で横行していないか等）
⑥外資規制
⑦外貨規制

この基準に基づき、候補となりそうな国々のスクリーニングを行ったところ、南米の「ペルー共和国」が断トツでした。これは正直なところ、意外な結果でした。

一緒に起業しようと話をしていた知人がたまたまペルー人で、それまでも彼は「ペルーが一押しだ！」と言っていたのです。しかし、私は事業に失敗したくないので主観的な意見には耳を傾けず、淡々とリサーチを行いました。客観的な選定基準に基づくランキング通りに意思決定をしようと思っていたのです。ところが、断トツでペルーという結果に。

２０１２年当時の私のペルーに対する認識は一般の日本の方と同じようなものでした。た

とえば、1996年にトゥパク・アマル革命運動という左翼ゲリラがペルーの首都のリマ市にある日本大使公邸を占拠した事件があった国、ハイパーインフレが起きていた国、といったイメージしかありませんでした。

「本当に断トツの国なのか？」

そこで私は、自分の机上分析が正しいのか、実際に現地に行って自分自身の目で確かめることにしました。

### 机上の分析の重要さ

2001～06年の小泉純一郎《こいずみじゅんいちろう》政権で金融担当大臣等を務めた竹中平蔵《たけなかへいぞう》さんが、新聞のコラムか何かで、「若者は、これからは新興国に飛び出してビジネスをするべき。やってみたら意外と簡単だから」というようなことを書いているのを読んだことがあります。当時、大きな会社に勤務していた私は、「いやいや、いきなり新興国に行ってビジネスするとか、普通無理だから！」と思ったものです。

しかし、実際に新興国でビジネスを展開してきて、考えが変わりました。新興国のいいところは、なにより金融でもどの業種でも生態系がコンパクトなため、〝よい方〟を一人ご紹介いただければ、紹介ベースでどんどん良質なネットワークを築けることです。その意味では、竹中さんのおっしゃることも一理あると今は思います。

事業を立ち上げるため現地視察に向かった私は、ペルーを訪問するにあたり、ペルー人の知人に現地のよい知り合いを紹介してもらいました。相手の方は日系ペルー人で、地域金融機関を経営していました。

ペルーに着いて、その方に私がペルーでやりたい貸付型クラウドファンディング事業についてお話ししたところ、すぐに現地の銀行、信用情報会社、債権回収業者などを次々に紹介してくださいました。

それらの方々とペルーの市場の状況についてディスカッションを行った結果、私は「机上の分析結果は正しかった」「ペルーの市場で投融資を行うことはできる」との確信を得ました。当初想定した事業モデルに修正を加えたのは1点のみ。海外で投融資を行うにあたって必要な審査・管理・回収業務は、自分たちで行わずに現地の金融事業者に委託する、としたことです。

私がペルーを初めて訪問した2012年、世界有数の銀行であるHSBCがペルー法人をコロンビアのメガバンクに売却すると発表し、ペルーからの撤退を決めました。ペルーで行っていた個人向けや中小企業向けの融資で不良債権比率が激増してしまったことが撤退の理由でした。

そこで私は、「世界中で銀行業を行うノウハウがあるHSBCでもペルーで苦戦しているのが現実だ。海外の社債投資ならやったことはあるとはいえ、ペルーで貸金業務自体をやった経験のない自分（の会社）が全部自前でできると考えるのは楽観的すぎる」と考え直したのです。

## ハード・シングスの始まり

ペルーから帰ってきた私は、意気揚々でした。

貸付型クラウドファンディングという仕組みも決まり、ペルーが投資の有望国であるという分析も当たりました。さらに、審査・管理・回収業務を外注するビジネスモデルを取り入れることで、むしろ事業の実現にかかる時間を大幅に短縮することができるとわかりました。あとは日本とペルー、それぞれの法制の細かいところを詰めたら、実行可能性の確認は終了。会社の立ち上げフェーズに移ることになります。

でも、ここからが〝起業の本当の始まり〟だったのかもしれません。

この時から今に至るまで、そして、たぶんこれからも、私は〝見えない何か〟に殴られ続けることになります。


帰国した私は、日本側の法制の詳細確認を行おうと、報告を兼ねて、当時会社の顧問弁護士就任を依頼していた弁護士を訪ねました。

「ペルーでの確認は大成功でした！　あとは両国の法制確認が終われば実行フェーズに入れます！」

興奮気味に話をしたところ、弁護士から冷静に言われてしまいました。

「何を言っているの？　君の言っている仕組みだと、日本の法律上、最大４９９人までにしかファンドを販売できないじゃないか」

私は大慌てで、金融法務に強い別の弁護士の友人のもとに駆け込んで助けを求めました。

「ついに事業立ち上げに入れると思ったのに、４９９人までにしかファンドを販売できないと弁護士の先生に言われてしまった！　どうにかできないか？」

友人は金融法務の知見が相当深く、すぐにこの弁護士の方が勘違いしていることを指摘してくれ、必要な許認可を取れば、特に問題なく人数無制限のファンドの販売を行えるとアドバイスしてくれました。

この一件は大丈夫そうでホッとしたものの、あとから振り返ると、リサーチ段階から実行段階に入ったことで、ひとつひとつの行動や意思決定に求められるレベルが段違いに高くなっていたのです。これ以降、事業が軌道に乗るまで数年は、私自身あたふたしてしまうことの連続でした。

結局、日本とペルーの法制については、前出の友人のサポートを受けながら、時差が14時間あるペルー現地の法律事務所と夜な夜な電話会議を行って確認を進めていくことになりました。その結果、比較的短期間で両国の法制を踏まえた投資スキーム（投資を行う仕組み）を完成させることができました。

これでいよいよ、会社を立ち上げるフェーズに入った。そう考えた私は、兼業はできなかったため、勤務していたロイズ銀行の東京支店長に退職したい旨《むね》を伝えました。

ところがその翌日、私はとんでもない激震に襲われます。

出来上がった投資スキームで貸付型クラウドファンディング事業を行うには、第二種金融商品取引業登録を行う必要があります。ある行政書士の方に登録業務のサポートをお願いしに行ったところ、「第二種金融商品登録を取りたいんだね。どんなに早くても6ヵ月、最近は当局も新規登録業者の列ができて混んでいるから、サポートしても、普通に考えて9ヵ月以上はかかると考えたほうがいいですよ」とあっさり言われてしまったのです。残念ながら、これは前述の弁護士の方の勘違いとは異なり、確かなことのようでした。

法令上、第二種金融商品取引業登録は2ヵ月程度でできることになっています。私なりに計算したうえで、タイミングを見計らって会社に退職願を出しました。それが9ヵ月となってしまうと、売上ゼロ、当然自分に支払う給料もゼロのまま新しい会社で働くことになります。

設立をする会社に自分で資本金を払い込み、その後は預金残高を削りながら無給で生活することになる……。減ってしまう預金の額を考えると、これは相当厳しい闘いになる。少々気が滅入ってしまいましたが、もう後戻りはできません。

突っ走ると心に決めて、1ヵ月間ロイズ銀行で引き継ぎ業務を行い、予定通り退職し、2012年12月からはひたすら、設立する新しい会社に集中することにしました。

## 二人三脚の創業チーム

ロイズ銀行東京支店の預金プロジェクトが進んでいた時のことです。私は、たまたま岩瀬大輔さんの著書『ネットで生保を売ろう！』（文藝春秋）を読む機会がありました。

その中で、ヘッジファンドを運用しつつベンチャー投資もされている谷家《たにや》衛《まもる》さんという方のある言葉が、私にはずっしり響きました。

その言葉とは、

「これまで100社近いベンチャーに出資してきて、分かったことは、『ベンチャーの成否は人で決まる』ということ。経営者はさほど魅力的でないが、ビジネスモデルや技術が面白いと思って出資した会社は、すべてうまくいかなかった。他方で、創業時のビジネスプランはいまいちだけど経営している人がユニークで面白いと思った会社は、なんとか軌道修正して、うまくいった。だから、僕はもう、ベンチャー企業の事業計画は見ないことにした。すべては『誰がやるか』に尽きる」

というものです。

確かに目の前で進んでいるプロジェクトはスピード優先で、チームも急造でした。そのため、ひとつにならなければいけないのに、チームにはところどころほころびも見え隠れしていました。それでも私は、当初は「あまりにプロジェクトが魅力的なものであったら、いくらチームに多少のほころびがあっても、逆に失敗するほうが難しいだろう。偉人の言葉と、自分が今、目にしている魅力的すぎる機会の威力のどちらが勝つか興味深すぎる」と内心ニヤリとしていました。

ところが、やはり谷家さんの言葉通り、ほころびは誤魔化せません。プロジェクトを進める中で次々に難問が襲ってくるのですが、一体となっていないチームではそれらに全然対処できなかったのです。

そういう体験をしていたため、私は起業する際は、できる限り高い戦闘力を持つ創業メンバーを集めなければならないと考えていました。しかし、ベンチャー企業を立ち上げる際に求められるチームビルディングのレベルは、私が考えていたような、大企業ならワークするようなものとは次元が違いました。

私がアフターファイブで起業準備を進めつつ、仲間集めも考え出していたころ、勤務していたロイズ銀行の日本撤退が発表されました。日本で行っていたリテール事業のうち海外送金事業は新生銀行に譲渡されたため、そのまま新生銀行に転籍する同僚も多かったのですが、転籍するポジションのない人は転職をすることになります。

私はそこに目を付け、一緒に働いてきて優秀だと感じていた同僚に、「実はこういう事業を立ち上げることを考えているんだ。転職するなら一緒にやらないか」と声を掛けていきました。

数人が話にのってきて、そのメンバーの知人も参画してくれたりして、瞬《また》く間に5人くらいのチームになりました。

しかし、その中で実際に創業時の無数の荒波を越えるチャレンジを続けたのは、私と2019年1月現在も内部監査室長としてクラウドクレジットを支えてくれている竹中正大の2人だけでした。

実際に創業をするにあたっては、負の感情が自然と湧いてくるような事象が次々に襲ってきます。

もちろん私が起業経験者で、チームのメンバーがそういう感情をコントロールできるようにコーチングできていれば問題はなかったのかもしれません。でも、私自身が人生で初めての起業でした。しかも私は、そもそも起業など一度も考えたことのなかった人間です。みんなにコーチングをするどころか、社長になる予定の自分がとんちんかんなミスを何度もしでかしてしまう始末です。

結局、最初のチームは、事業を進める方向性、各人の給料、株式の持ち分等々、本当にさまざまなことで意見が分かれてしまい、5人のうち3人とはたもとを分かつことになりました。実質的には竹中と2人で創業して、一歩一歩開業に向けての準備作業を進めていくことになったのです。

竹中は、私が勤めていたロイズ銀行の法務コンプライアンス部長の、生命保険会社時代の部下でした。起業と事業の閉鎖を経験したことのある部長は、どんどん職員が離れていく中、ただ一人会社に残って粛々《しゆくしゆく》と閉鎖業務をこなし続ける竹中の姿を見ていました。そんな経緯から、「絶対に信頼できる人だ」と竹中を私に紹介してくれたのでした。

それは事実でした。竹中はその後2年間、クラウドクレジットの立ち上げ期のいちばん苦しい時期に、淡々と「やるべきこと」に集中してくれました。それがなかったら、3年目以降のクラウドクレジットの拡大期は永遠に訪れなかったでしょう。

私自身の未熟さからあたふたしてばかりの創業期に、素晴らしい共同創業者に恵まれたのは幸運でした。

## シード投資家を探せ！

さて、必要資本金が100億円から1億〜2億円程度になったとはいえ、億円単位のお金というのは、なかなか自分で全部捻出できるものではありません。一般的にはベンチャー企業が初期のステージで活動するための資本金は、創業者（特に社長）、その家族、友人、エンジェル投資家、そして初期ステージ（「シード期」と呼ばれます）のベンチャー企業に投資を行うベンチャーキャピタルが出資を行うことが多いといえます。

現在でこそ、シード期のベンチャー企業に出資を行うベンチャーキャピタルの数も増加し、情報もインターネットで簡単に見つけることができますが（もちろん、その分競争率も上がっているともいえます）、当時はベンチャーキャピタルに関する情報は今よりはるかに少ない状態でした。

そこで私は、ロイズ銀行を退職した2012年12月くらいからインターネットで見つけたベンチャーキャピタルに出資の依頼をする面談のアポとりで電話をかけ始めました。ところが、「今、会社を作られたんですか……？　当社はベンチャー企業でも上場が見えてきているような事業ステージの企業さん向けに投資を行っているので、設立したばかりの会社さんは投資対象ではないんです」などと言われてしまう始末。情報不足もあり、とんちんかんな相手に電話してしまうことも度々でした。

そんな中、資金調達活動がうまくいかない様子を見かねた顧問税理士が、あるベンチャーキャピタルを紹介してくれることになりました。特に最近、シード期（準備段階）のベンチャー企業に出資するベンチャーキャピタルを立ち上げた磯崎哲也さんがおすすめだ、という話でした。

偶然にも、私が起業という選択肢があると知った時、すぐに購入した3冊の書籍のうちの1冊が磯崎さんの著書でした（『起業のファイナンス』）。そのため、もちろん磯崎さんのお名前は存じ上げていましたし、そんな方に出資していただけたら夢のようなことだと思いました。

その一方で、私の中に「磯崎さんは、ネットイヤーなど多くのネット系ベンチャーの創業期のファイナンスをサポートしたり、ミクシィの社外監査役などを務めたりされた〝ネット系の方〟」との先入観があったため、金融ベンチャー企業の事業モデルには興味を持っていただけないだろう、と勝手に思い込んでしまいました。そのため、顧問税理士の提案にも、「ご提案しても、ネット系の方にはたぶんご理解をいただけないと思います」と答えていました。

ところが、私はすぐに自分の勘違いに気がつきます。

２０１２～13年の年末年始に、私は、貸付型クラウドファンディングについて自分が何か取り漏らしている情報がないかインターネット上で再検索していました。すると、日本で貸付型クラウドファンディングという仕組みが最初に知られるようになった２００８年ごろ、磯崎さんが自身のブログに「日本でも貸付型クラウドファンディングという仕組みはワークしうるか？」というようなテーマで何本も記事を書いているのを発見したのです。私は自分の不明を恥じるばかりでした。

年が明け、すぐに顧問税理士の元に駆け込みました。

「やっぱり磯崎さんを紹介してください！」

## 磯崎哲也さんとの出会い

顧問税理士の先生にご紹介いただき、磯崎さんに事業プランをお伝えしたところ、それに対する感想がメールで届きました。詳細はもう覚えていませんが、どちらかというと否定的な反応でした。

磯崎さんは貸付型クラウドファンディングの仕組みを熟知された方です。でも、私の事業プランが十分に伝わっていないように感じられました。そこで私は、メールブラウザの画面をスクロールしないと読みきれないくらいの長い文章を書き、磯崎さんのロジックが違っていると、さらなる説明のメールをお送りしました。

正直、その時は出資をしていただけるとは思っていませんでした。ただ、磯崎さんは、ブログで「貸付型クラウドファンディングの分野で米国、英国と日本との間に大きな差が出てきてしまっている」と課題を指摘されてもいました。そのため磯崎さんには、銀行や貸付型クラウドファンディングという仕組みが問題なのではないこと、また、国内の資金需要は限られているため、日本発の貸付型クラウドファンディングはブルーオーシャンである「世界」で貸付を行うべきであることを、ぜひ知っていただきたいという一心でメールをお送りしました。

すると、磯崎さんから、メールブラウザをかなりスクロールしないといけないくらい、私よりはるかに長いメールが返ってきました。

磯崎さんは、貸付型クラウドファンディングのみならず、個人向け金融分野でいえば独立系運用会社の事例も深くご存じでした。そういった事例もあげながら、クラウドクレジットの事業プランが爆発的な成長を遂《と》げる可能性があるかどうか分析されていました。

磯崎さんは、多くの読者を抱える有料メールマガジン「週刊 isologue」も毎週執筆されています。長文を書き慣れているためでしょう、私が返信してから1時間程度ですぐにまた長いメールを送ってこられます。私は長い文章を書くことに慣れていなかったため、ヒーヒー言いながら半日かかって文章にまとめ、メールを返していました。

しばらくそんなやりとりを続けた結果、何度か面会して直接事業プランをお話しする機会をいただけることになりました。私の考えを頭ごなしに否定するようなことはまったくなく、それを起点に「もうちょっとほかのことをやってはどうか」などと、ブレーンストーミングを一緒に行ってくださいました。

最終的に、貸付型クラウドファンディングという仕組みを用いて「世界をつなぐ金融」を行う事業に対し、「これはこれで面白い」という評価を得ることができました。そして、前向きに出資をご検討いただけることになったのです。

## シード投資家と社名がカギ

今ではベンチャー業界で常識になっていますが、初期ステージのベンチャー企業がうまく成長軌道に乗ることができるか否かは、そもそもの事業モデルや会社のチーム力に加えて、「いいシード投資家と出会えるか」という要素も大きいといわれます。

ベンチャー企業は、設立からIPOなどのひとつのマイルストーンに達するまででも、1000個の地雷が埋まっている地雷原を進むようなもの、などといわれます。多くのベンチャー企業や起業家を見てきたシード投資家なら、どんな業種にも共通する地雷について、300種類くらいのアドバイスをすることができます。そんなシード投資家のサポートが得られれば、起業家は地雷を踏んで致命傷を負う確率を大きく下げることができます。

磯崎さんの私へのアドバイスは、「社名」から始まりました。

本書では、ここまで当社の社名を「クラウドクレジット」と書いてきましたが、実は、2013年1月の設立時点の社名は「トリニダードキャピタル」でした。

これは、16世紀に世界で初めて世界一周の航海を成し遂げたマゼラン提督の艦隊の旗艦トリニダード号から取りました。さまざまな金融活動を行う「キャピタル」を付け加えて、「トリニダードキャピタル」としたのです。本当は、トリニダード号自体は途中で沈没してしまい、無事スペインまで帰還した船の名前はヴィクトリア号でした。しかし、「ヴィクトリアキャピタル」だと英国の王室ファンドか何かのようなので、トリニダードにした、という経緯でした。

しかし、この名前がたいへん不評でした。

ロイズ銀行を退職する際、最終出社日に同僚に挨拶《あいさつ》まわりをしました。

「起業がんばって！　ところで、社名はもう決まっているの？」

「トリニダードキャピタルです」

そんな会話を交わすや、みんな一様に顔を歪《ゆが》ませるのです。

「それ、海外送金するたびに銀行にマネロン（マネーロンダリング）・チェックで呼び出されるんじゃない？」

「タバコでも売るの？（失笑）」

これから起業しようというのに、先行きを真剣に心配されてしまう始末でした。

## 出資の条件「社名を変えること」

磯崎さんからもやはり、社名にダメ出しをされました。

「事業プランはだいたいわかったけど、当社から出資をする条件は社名を変えることです」

私も、この社名がベストだとは考えていなかったので、さっそく新社名を検討することにしました。友人と、フェイスブックのメッセンジャーでさまざまな社名を並べてのブレーンストーミングです。ありがたいことに、夜な夜な3時間くらい社名の考案に付き合ってくれました。

ライフネット生命を創業された岩瀬大輔さんは、そのご著書に「社名はノートに100個書いて、その中から選んだ」と書かれていました。そこで私は、100よりもさらに多い数百個の中から選ぶことにしました。

一度、「SUICO（意味のある単語の頭文字を並べ、かつ日本最古の貸金の形態と言われる出挙《すいこ》にかけたもの）で行きたいです！」と磯崎さんにお送りしたのですが、「全然ダメ」と却下されました。

不毛なブレーンストーミングに疲れ果てた友人が、最後に「もう、ど真ん中の『クラウドキャピタル』でええやん」とポツッとつぶやきました。

「それだ!」

ビビッときました。

事業で行うことをそのまま社名にする。新しい分野を切り開いていくうえでは、それが最も相手の印象に残ります。ライフネット生命がまさにそうでした。

とはいえ、「貸付以外にまで多角化するのは遠い将来だろう」と思い直し、「キャピタル」の部分を「クレジット」に変更して、「クラウドクレジット」という社名ができあがりました。

さっそく磯崎さんにお伺いしたところ、「さらにひとひねり加えて、たとえば〝クレジットエンジン〟などだと、力強さも加わりもっとよくなるかも……」とアイデアをいただきました。しかし、すでにそっくりな名前の会社が存在していたことから、結局はクラウドクレジットで決定しました。

その後も、磯崎さんには前述の通り、「300の地雷」のありかを教えていただくことになりました。磯崎さんとの出会いなしには、今日のクラウドクレジットはなかったかもしれません。

## ベンチャーの初期オフィスは重要

次に私が直面したのが、オフィス問題でした。

「オフィスの選定が起業に影響するの？」と思われるかもしれませんが、これは意外と奥の深い問題です。

クラウドクレジットのオフィスは、六本木にある「クロスコープ」というレンタルオフィスから始まりました。当時は今のように、ベンチャー企業の立ち上げ時期に利用できるコワーキングスペースがほとんどなかったため、レンタルオフィスの自由席を２席分契約して、竹中と２人で開業準備を行っていました。利用料金は１ヵ月につき１人３万円で、計６万円です。

そして２０１３年４月に、北青山にある、１ヵ月の賃料が10万円の８坪のオフィスに移転しました。

実は、ここに至るまでにも、磯崎さんにかなりのご指導をいただきました。

私がもともと普通の会社員だったこともあり、ベンチャー企業がシード期にどれだけ切り詰めないと会社がもたないのかをよくわかっていませんでした。そのため当初、家賃17万円程度のオフィスに入ろうとしていました。

歩きながら磯崎さんに移転予定を話すと、歩みが文字通りぴたっと止まりました。

「金融ベンチャーだから、オフィスを持たなければならないのは理解している。けれど、ネットベンチャーの多くは、自宅をオフィスにして始めたりするんだよ」

磯崎さんの渋い反応を見て、「これはマズイ」と私も気がつきました。

そこで、もっと家賃の安い物件を探したところ、六本木の外れの飯倉片町交差点の近くに月7万円のオフィスを見つけました。ところが、この物件もダメでした。契約直前に磯崎さんから「一応見ておきたい」と言われ、ご覧いただいたところ、「まだ賃貸契約のハンコは押していないか？」と詰められます。今すぐ話はなかったことにしろ、という意味だと悟り、このオフィスの契約を見送りました。

磯崎さんが反対したのは、次の4つの理由からでした。言われてみれば「なるほどな〜」

創業期のオフィスの様子

と思うものばかりです。起業志望の方も、これを読めば、オフィス選びが想像以上に重要だとおわかりいただけるかと思います。

第一、オフィスビルが高速道路の高架のすぐ横にあり、薄暗い。窓から見える景色も殺風景で、シード期の苦しい時期にオフィスの窓から公園の緑などが見えると「明日はどうなるかもわからないけど、まあなんとかなる」と気を取り直せるものだが、ここではそうならない。

第二、高速道路には大型トラックが断続的に走っており、その低周波が、シード期の苦しい時期を闘っているメンバーのマインドに、無意識のうちにマイナスのバイアスをかけるのではないか。

第三、六本木駅からオフィスまで歩いてくる道に清潔感がない。

第四、オフィスの手前に公衆トイレがある。オフィスを訪問してくれる方全員が公衆トイレを見て、「えっ、こんなところにオフィスがあるの……」と感じることになる。

実は磯崎さんご自身も、オフィス問題で失敗したことがあるといいます。過去に出資し、初期のステージでうまくいかなくなってしまったベンチャー企業が、まさにこのようなオフィスだったそうです。「決してよい環境ではないけれども、まあいいか」と考えていたら、本当にうまくいかなくなってしまった。そんな経験をしているからこそ、「投資先のオフィスの選定は絶対に譲れない」と考えるに至られたそうです。

こうして私たちは、北青山の小さいけれども会社のベースを作るにはうってつけのオフィスで、２０１３年の売上ゼロの時期を乗り越えることができました。

## “オフィス地獄”から学んだこと

その年の暮れ、開業に向けてメンバーを増やす必要があったため、再び新しいオフィスへの移転話が持ち上がりました。

ここでメンバーから、「現在のオフィスはボロい。新しいメンバーの士気を保つにはもっときれいなオフィスがよい。新しいシェアオフィスに入居しよう」という意見が出てきました。

提案されたシェアオフィスは、私もロイズ銀行時代に使ったことがありました。大きな会社にとっては快適な空間なのですが、賃料が非常に高額で、ベンチャーとの相性が最悪中の

最悪中の最悪中の最悪であることは明らかでした。

私に、経営者としてその声を切り捨てる力がなかったため、結果的に押し切られて２０１４年の1年間をそこで過ごすことになってしまいました。坪単価が月10万円で、恐らく日本のベンチャー企業が借りたオフィスの中で最高記録を作ってしまったのではないかと、今でも忸怩《じくじ》たる思いでいます。

2018年４月に現在のオフィス執務スペースを増床

しかも、部屋はビルの中央に位置していて、窓もありません。狭《せま》くてどよーんとした空気が流れ、せっかく磯崎さんから伝授されたノウハウが水泡に帰してしまいました。

さらに、通常の賃貸オフィスにはない12ヵ月ロック条項が入っていたため、1年間はほかのオフィスに移りたくても移れません。

たった7坪の劣悪な環境のオフィスに毎月68万円の賃料を払うという、あまりにもバカげた行動を止める胆力《たんりょく》が自分にはない――。

その現実に直面した私は、決心しました。今後、メンバーが間違った方向に行こうとした時は、たとえチーム内に不快な感情を生むとしても絶対に止める。それが社長の役割だ。企業の血液となるお金をどぶに捨てるような失敗をして、身をもって学びました。

２０１５年４月に普通の雑居ビルの25坪程度のフロアに移転し、翌16年に増床。翌17年に、現在も入居している茅場町のオフィスに入居しました（18年に増床）。こうして私たちは、ようやく〝オフィス地獄〟を抜け出すことができました。

# 第４章　世界四大陸を飛び回って

## なぜ世界中で貸付ができるのか？

第3章で見たように、創業時のてんやわんやの出来事にいくつも遭遇《そうぐう》しながらも、クラウドクレジットは着実に事業化を進め、２０１４年６月にようやく、貸付型クラウドファンディング事業を開業するに至りました。そして、２０１９年３月現在、１７０億円を超える金額の貸付を、アジア、アフリカ、ラテンアメリカ、東ヨーロッパの４地域で実行しています。

「日本中を探しても、クラウドクレジット以外で世界中に貸付を行っている会社なんてない。なのに、どうして御社だけそんなに多くの借入ニーズがある成長企業をソーシングできる（見つけられる）の？」

と、よく質問されます。

確かに、日本で世界中に貸付を行っている会社はクラウドクレジットだけだと思います。でも、世界に目を向けると、symbiotics、BlueOrchard、responsAbilityといった投資ファンドが、新興国で社会的に意義のある事業を行う企業に対し貸付活動を積極的に行っています。そのうちのいくつかは、数千億円規模の運用残高を誇っています。

クラウドクレジットが、これまでお客様に提供してきたファンドの貸付先企業とどのようにして出会い、交渉・審査を行い、貸付を実行してからのモニタリングや定期的なコミュニケーションをとってきたか、本章ではそのいくつかをご紹介します。

## ペルーで小口延滞債権投資を開始

クラウドクレジットが行っているのは「貸付型クラウドファンディング」事業です。しかし、実はその記念すべき第1号案件は、厳密には「貸付」ではありませんでした。

第1号案件は、ペルーでお金を借りた個人や中小企業が延滞をしている債権（いわゆる不良債権）を銀行から購入して、ペルー現地の債権回収業者に業務を委託し、購入価格を上回る金額を回収することで投資として利益をあげることを目指すものでした。

不良債権投資といえば、１９９７年からの日本の銀行の不良債権処理問題で活動が活発になった「ハゲタカファンド」を連想する方も多いでしょう。「どこが社会的リターンなんだ？」と思われたかもしれません。これが第1号案件になったのは「たまたま」なのですが、しかし、クラウドクレジットとしてこの案件を実行することにしたのには、明確な理由がありました。

当時ペルーでは、債務の返済に行き詰まってしまった人に対するたちの悪い回収行為が横行していました。ピエロの格好をした回収人が債務者の職場まで行って太鼓をぽんぽん鳴らすなど、債務者に対するさまざまなハラスメント行為が行われていたのです。

「この状況を変えたい」

そう考えた一人の弁護士がいました。のちにクラウドクレジットが延滞債権投資で協業することになった Kobranzas 社の社長、Ana Vera Talledo さんでした。彼女は一念発起し、まっとうな債権回収活動を行う会社を立ち上げたのです。

Kobranzas 社は「コンサルティング・ベース」の債権回収業を行うことをモットーとしています。これは、債務者の金融リテラシーを高めながら回収を行うやり方です。

日本でも個人の金融リテラシーのさらなる向上の必要性が叫ばれて久しいですが、ペルーの多くの人にとって、金融というのはさらに遠い世界です。たとえば、お金を借りたら返さないといけないという概念がなかったり、借りたお金をどうやって返していけばよいのか、銀行決済の仕組みに関する知識がなかったり、はては家計管理であるとか、金利がたまっていく仕組みというものをよく理解されていない人も多いのです。

そのため Kobranzas 社は、コールセンターに1000人近くの職員を配置し、支払いを延滞している人々に電話をかけ、彼らに対する「コンサルティング」を行います。内容は、日本の方から見れば非常に初歩的なものです。

「給料から天引きする方法があるんですよ」

「まずは親戚の方から無利子でお金を貸してもらって、そのお金で金利がどんどん増えてしまうローンを全部返済してしまいましょう」

そんなアドバイスをしていきます。

Kobranzas社は、延滞をしたことの恥ずかしさ、また、その中でお金を返すことに対する心理的障壁を少しでも下げるべく、さまざまなキャンペーンを展開しています。キャンペーン中には、Kobranzas社のオフィス周辺で債務者の方に向けた相談サービスを開催し、彼らが自由に訪れて相談したり、お金を返したりすることができるようにしています。会場はたくさんの風船で明るくデコレーションして、ちょっとしたイベント会場のような雰囲気を演出しています。

減免キャンペーンの様子

さらに、このキャンペーン中に返済する人には、「減免」というメリットも設けています。そのため、多くの人がキャンペーンを利用してお金の返済を行っているようです。

減免によって返ってくるお金の総量を減らしてしまうリスクがある一方、返済の一歩を踏み出せずに債務者のままでいる人の背中を押す効果があります。彼らが少しずつ返済してくれれば、減免で減る金額をはるかに上回る返済が期待できます。キャンペーンは、効果を緻密に計算して行われているのです。

事実、協業関係にあるクラウドクレジットも、Kobranzas社から「ここ半年間は、こういうスケジュールで減免キャンペーンを行い、回収量をこのくらい増加させようと思っている」などと、事業計画をしばしば共有してもらっています。

ペルーで延滞債権投資を行うファンドは、２０１４年６月から２０１７年９月まで３年強にわたり、40を超える数を投資家の方にご提供しました。２０１９年３月現在、これまでに償還された全ファンドが円建てで10％前後のリターンを実現しています。

## 世界でＰ２Ｐレンディングが勃興

２０１４年にペルーで延滞債権に投資を行う活動を始め、私たちは当初、日本の投資家のみなさんにペルーでの投資機会をより幅広く提供していこうと考えていました。

ところが、ある〝ハードル〟が立ちはだかります。

ペルーの金融環境は２０１４年当時、世界の新興国の中でも非常に高い評価を受けていました。そのため欧米の投資家が積極的に投資を行っていて、良い案件がどんどん先に決まってしまいます。規模の小さなクラウドクレジットには、彼らと同じ土俵で闘うほどの〝体力〟がありませんでした。

そこで方針転換し、ペルーでは延滞債権投資のみを行うこととして、いったん他の国へ投資のフィールドを広げることにしました。ペルーでの新規の投資活動の開拓再開は、２０１８年の年初にマイクロファイナンス機関への貸付を行うまで、実に４年ものあいだ待つことになりました。

さて、ほかの南米の国々や、ラテンつながりでスペイン経由での欧州の市場でも、ペルーで無事に立ち上がった延滞債権回収事業に投資する機会がないかリサーチを進めていきました。しかし、なかなか同様のスキームが実現できそうな市場環境の国がありません。

そんな中、世界で新しい金融のトレンドが勃興《ぼっこう》します。「フィンテック」です。

このムーブメントは、米国や英国で２００５年くらいから静かに広がり始め、リーマンショック後に徐々に成長曲線が急になっていきました。そして、2013〜14年になるころには、欧米各国で人々の「視界」に入るようになっていったのです。

近年では、資産運用のロボアドバイザー・サービスやAI、セキュリティ、RPA（金融事務の自動化）サービスやクラウド会計ソフトなど、多様なフィンテック・サービスが日本でも提供されるようになっています。しかし、2014年当時に欧米を席巻《せっけん》したのは、キャッシュレス決済の分野と「P2P（ピア・ツー・ピア）レンディング」と呼ばれる、インターネット上で借り手と貸し手をつなぐサービスでした。

とりわけ後者のP2Pレンディング・サービスが世界中で勃興し始めたことは、クラウドクレジットにとって新しい機会となりました。

当時のクラウドクレジットは、投資先各国で現地の金融事業者と提携して融資の審査・管理・回収業務を外注する事業モデルをとっていました。そのため、各国のP2Pレンディング事業者は、クラウドクレジットにとって格好のパートナー候補になったのです。

当時、P2Pレンディング市場で規模が最も大きいのは、米国市場でした。しかし、それまでのリサーチで、欧州市場で活動するための下準備が進んでいました。そこで私たちは、まずは欧州のP2Pレンディング事業者に次々と連絡をとって協業のための協議を開始することにしました。

２０１４～15年当時、Ｐ２Ｐレンディング市場が拡大する勢いはすごいものがありました。そのため、私たちは多くの事業者の方々と協議を行うことができました。イギリス、フランス、ドイツ、スペイン、イタリア、オランダといった西ヨーロッパのＰ２Ｐレンディング事業者はもちろん、スウェーデン、フィンランド、エストニア、ラトビア、リトアニアといった北欧や東欧のＰ２Ｐレンディング事業者とも連絡をとり合い、協業のための協議を行うことができました。

東欧のP2Pレンディング事業者のオフィスを訪問

興味深かったのは、イギリス以外の西ヨーロッパ諸国では意外にもＰ２Ｐレンディング事業の勢いがない、ということでした。

イギリスは、私がロイズ銀行で経験してクラウドクレジットを作るきっかけとなった通り、旺盛《おうせい》な市中の資金需要に預金不足の銀行が追いついていない状況がありました。そのため、Ｐ２Ｐレンディングという仕組みを用いて投資資金が中小企業や個人に流れていく動きが急速に広がっていきました。2019年3月現在も、イギリスのP2Pレンディング市場は、中国、米国に次いで世界第3位の規模を誇っています。

その一方で、他の西ヨーロッパ諸国はリーマンショックで打撃を受けたとはいえ、伝統的な銀行がすでに社会の隅々にまでお金を行き渡らせており、P2Pレンディングが参入する余地が限られていました。

その状況をつぶさに見ていくうち、私たちは〝面白い市場〟の存在に気づきます。東ヨーロッパです。

東ヨーロッパは、アジアやアフリカ諸国に比べ、社会・経済がより発展したステージにいる国が多いといえます。しかし、1991年にソビエト連邦が崩壊するまで社会主義、共産主義の体制をとっていて、資本主義のコンセプトで経済を回すようになってからまだ30年も経っていません。伝統的金融機関のリーチは、西ヨーロッパ諸国と比べると圧倒的に劣っていました。そこにデジタル・ファイナンスの波が襲ってきたため、優秀なデジタル・ファイナンス事業者が一気に拡大していきました。

その様子を見ていた私たちは、西ヨーロッパではなく東ヨーロッパのいくつかのP2Pレンディング事業者と提携をすることに決めました。こうして日本の投資家の方に、現地の個人向けローン等に投資を行う機会を提供するに至ったのです。

## 広がるバランスシート・レンダー

時を同じくして、東ヨーロッパでは「バランスシート・レンダー」と呼ばれるデジタル・ファイナンス事業者も急成長を遂《と》げていきました。日本でいう「ノンバンク」です。

東欧のバランスシート・レンダーのオフィスを訪問

Ｐ２Ｐレンディング事業者がインターネット上で借り手と貸し手を結びつけるのに対し、バランスシート・レンダーは、伝統的なノンバンクとまったく同様に、金融機関やクラウドクレジットのような貸付型クラウドファンディング事業者から資金を借りて、自分たちで個人や中小企業に対して貸付を行っていきました。

普通のノンバンクが、なぜわざわざ「バランスシート・レンダー」という新しい言葉まで使ってマーケティングを行い、東ヨーロッパで急速な成長を遂げたのでしょうか。

その主な理由は、ＡＩ審査による融資にありました。先

訪問したバランスシート・レンダーのオフィスの様子

ほど紹介したように、資本主義の歴史が浅い東ヨーロッパでは、伝統的な金融機関ですらより広く社会にリーチするために日々試行錯誤をしているところで、銀行融資にアクセスのない人の割合が日本、米国や西ヨーロッパ諸国よりも高い状態でした。

先進各国と比べ、信用情報機関の整備も（典型的な途上国よりは整ってきているとはいえ）まだまだ発展途上であるため、銀行がリーチできていない人にお金を貸すのは難しいことでした。ところが、申し込んできた人をＡＩでスコアリングして、融資の可否を判断したり、資金を貸せる場合は金額や金利をＡＩが決める手法が、この問題を解決しました。延滞する借り手の割合を一定以下に抑えられるアルゴリズムをうまく構築できたバランスシート・レンダーが、２０１５年ごろから一気に急成長していったのです。

クラウドクレジットも、この分野に対しては積極的に融資をしています。２０１９年1月現在、運用総額の約４分の３が東ヨーロッパのバランスシート・レンダーに対するものです。もちろん、融資先の地域、通貨、企業の分散の観点から、徐々に他の分野に注力する度合いを増やしていきますが、それでも貸付金額としては今後も増加させていく予定です。

## カメルーンで直面したピンチ

２０１５年秋のことです。東欧のＰ２Ｐレンディング事業者との協業やバランスシート・レンダーへの貸付を拡大するため、クラウドクレジットのメンバー数人で欧州へ出張に行った際に、Ovamba 社の方と話をする機会がありました。

Ovamba 社は、カメルーンで「トレードファイナンス」という、主に輸出入事業者に対する資金を融通する事業を行っている――その情報はネットで把握していました。しかし、法制等の問題で、協業の話を持っていくのは時期尚早だと判断していたのです。そのため、特に私たちから連絡をとることはありませんでした。

ところが、欧州で直に会った際に話をしてみると、どうやら私たちが越えられないと思っていた法制面の問題をクリアできそうな様子です。

そこで、帰国後にさっそく Ovamba 社との協業の協議、審査、投資の仕組み作りを開始することにしました。５ヵ月ほど協議を続け、２０１６年3月にファンドを組成して、日本の投資家の方への提供を開始することができました。

Ovamba社の審査を行った際は、実績として貸し倒れはほとんどありませんでした。私たちは当初、トレードファイナンスの取引先（実質的な借り手）が倒産してしまったり、実質的な担保を売却できずに現金化ができなかったりするリスクより、カメルーンという若い国家において、政治体制や法制度が変更されたり、現地のCFAフランという通貨がユーロにペッグされている（為替レートが固定されている）のが外れて、現地通貨が著《いちじる》しく下落してしまったりするような、いわゆる「カントリーリスク」を注視していました。

しかし貸付実行から半年が経ち、返済の時期になると、カメルーンの案件は問題が頻発し始めました。

まず、貸付先の事業者が、期限が来たのにお金を返せない事案が発生します。Ovamba社の活動が比較的小規模のものだった時にはうまくいっていた審査基準が、資金が流入し取引量が増加したことで、うまく機能しないケースが出ていたのです。

次の誤算は、担保の処分です。

資金を供給するにあたっては、商品を担保にとっていました。そのため、Ovamba社が担保を市場で売却すれば換金することができ、貸付先のデフォルトの影響を最小限にできると見込んでいました。もちろん、予定通り市場で売却を進めることができた担保もありましたが、そうでない貸出先が次々出てきたのです。

たとえば、所有権はOvamba社に移転していたものの、借り手の事業が円滑《えんかつ》に回ることを優先して、担保を事業者の手元に置いたままの状態にしているケースがありました。これでは、すぐに売却することは不可能です。

また、担保としていたトラックがどうも危険地帯に放置されているらしい、という事案もありました。いったい、現地まで誰が取りに行くのか……。いざ回収となった際に担保を盗んで逃げようとする債務者が出てくることもあれば、商品の代わりに一部不動産を実質担保として取得していたため、処分の手続きが煩雑さを極めることになる等々、いろいろなことが起こりました。

Ovamba社が事業を始めたころは、借り手がお金を返せないということがあまりなかったのです。それが徒《あだ》になり、回収業務に長《た》けているとは言いがたい面がありました。また、レアケースでノウハウの蓄積がない事案もあれば、単純に担保処分の業務量が急増してしまってマンパワーの問題で対応しきれないなど、後手に回ることが増えてしまいました。

私たちもファンドの分配が遅延してしまい、レポートを出して、投資家の方に現地で起こっている事態の報告を行いました。また、担当メンバーがOvamba社と協議し、最低でも週1回、毎週火曜日には状況の確認と打ち合わせを行うことを決めました。

これは、2016年の暮れから2019年1月現在まで、ずっと続けています。19年はこの問題への対処を会社の最優先事項のひとつに位置づけ、私自身はもちろん、ファンド運営に関わる全メンバーの最重要タスクとして取り組んでいます。

## 審査・管理・回収を自社に転換

この件は、私たちにとっても大きな反省と学びになりました。

Ovamba社の経営陣は、欧米の超一流企業出身の聡明な方々なのですが、金融機関での勤務経験がありませんでした。金融取引を行う中で想定外の事態が生じた際の対応力は、やはり金融機関経験者とは差がありました。

またカメルーンという社会、経済の発展段階の若い国で事業を営《いとな》むにあたり、現地の方のチームビルディングが十分ではありませんでした。

後ほどまた触れますが、たとえば現地の未電化地域を電化する事業を行っているベンチャー企業の多くは、試行錯誤を重ねながら、そうしたチームビルディングをも達成しています。日本で「部長」と呼ばれるような、ひとつのチームやファンクションを束《たば》ねる中間管理職の充実がそのためには大切だったのです。

中間管理職の充実という点で後れをとっていたOvamba社は、問題が起こるたびに経営陣がすべてに対応しなければならず、人手不足の問題から、重要事項についてはいつも後手を踏んでいました。私たちも、私たちの投資家の方々も、タイムリーに欲しい情報が手に入らない状況に陥《おちい》り、私たちとしては投資家の方に対してたいへん申し訳ない事態になってしまいました。

この一件以来、私たちは、経営陣がチームとしてその会社の本業に関する深い知見がなく、新しい分野にチャレンジするパターンの会社には原則融資をつけないことを決めました。また、審査にあたっては、対象企業の中間管理職の充実度も重視するようになりました。

それに加え、この問題を境に、開業時から続けていた「審査・管理・回収」業務を外注するというモデルを大幅に見直しました。

当初は「現地の金融事業者がいちばん詳しい」という前提に立っていました。しかし、開業から２年以上が経過し、２０１６年になるころには、「もう自分たちでやってしまったほうが早いのでは……」と感じることが、このカメルーンのケース以外でも増えてきました。

そのため2019年3月現在では、新規案件の8割以上が、クラウドクレジット・グループ自体で審査と管理を行うものに変化しています。このタイプの案件では、19年1月現在デフォルトは0件なのですが、もしデフォルトが起きた際には、当社自身が現地の弁護士事務所と一緒に回収業務を行う前提でスキームを作っています。

## マイクロファイナンス・ファンド

アフリカ案件の開始から少し時間が経った2018年1月に、私たちはマイクロファイナンス機関に貸付を行うファンドの提供を開始しました。

その1年ほど前、2017年の年初に、クラウドクレジットの役員や部長で集まってブレーンストーミングを行いました。テーマは、1年後、3年後、5年後に会社をどんな姿にしたいのか、どんな新機軸の事業を行っていたいか、でした。その際、メンバーから「今すぐではないが、どこかでタイミングを見てマイクロファイナンス・ファンドの提供も始めたい」という意見が出てきました。

その時は、クラウドクレジットの投資家の方のニーズとマイクロファイナンス機関に貸付

クラウドクレジットが融資するメキシコのマイクロファイナンス機関から借り入れを行っている女性事業者の方々

を行うファンドの性質がだいぶ離れていることもあり、「少し先の話になるかな？」と思っていました。ところが、その年の秋になると、素晴らしいマイクロファイナンス機関と出会うことが増えてきました。トントン拍子で話が進んで、具体的にお客様に提供しようという流れになり、18年1月から実際に提供を開始することになりました。

奇しくも18年1月、本書の冒頭に書いたように、テレビ東京の人気番組「ガイアの夜明け」で、このマイクロファイナンス・ファンドを組成する一部始終を取材していただき、その一部が放送されました。

マイクロファイナンス機関は、途上国の信用組合のようなものです。全部ではありませんが、多くは日本の金融機関と同様に金融庁の監督下にあります。そのため、通常の事業会社にお金を貸すよりもリスクの低いことが多く、途上国で融資を行うファンドが一般にハイリスク・ハイリターンになりがちなのに対して、ミドルリスク・ミドルリターンの投資機会を提供できることになります。

マイクロファイナンス・ファンドの提供開始から1年が経過した2019年1月現在でも、実はクラウドクレジットのファンドではハイリスク・ハイリターン案件のほうが人気が高いです。しかし、世界経済や市場の動向の不透明さが増す状況においては、こうしたマイクロファイナンス・ファンドに投資していただくことで、「世界に届けるお金の量」を維持したまま、よりリスクを取る度合いを低減させることができる側面があることは、ぜひ知っておいていただきたいと思います。

## タンザニアの未電化地域を電化

途上国の貧困層の方に金融教育を行いながら事業を成長させる資金の貸付を行うマイクロファイナンス機関への貸付のように、「社会的リターンが高い案件」として私たちが次に目を付けたのが、未電化地域を電化する事業を行っているベンチャー企業たちでした。

もともとそういう事業を行っていることを私が知ったのは、2016年にあるインキュベーション・プログラムでの「WASSHA」という日本のベンチャー企業との出会いがきっかけでした。

タンザニアの未電化地域のキオスクに小さなソーラー・パネルをリースし、そこに村中の人がLEDランタンなどの充電に来ます。すると、夜でも明かりがつくようになって、村の人は内職したり、子供も勉強したりできるようになります。村の人がキオスクに充電代を支払い、そのキオスクがWASSHAに対し、ソーラー・パネルのリース代を支払うという仕組みです。

未電化地域に電気が通り、夜も勉強ができるようになった子どもたち

当時は、ただただ「素晴らしい事業だな」と感銘を受けただけでした。しかし、17年に融資分野の拡大を目指す一環としてアフリカの市場をリサーチしている中で、私たちは、アフリカでは未電化地域に6億人もの人が住んでおり、未電化問題を解決するためにWASSHAのような事業を行っているベンチャー企業が各国にかなりの数、存在することを知りました。

未電化地域を電化する事業者のエコシステムは、WASSHAも事業を行っているタンザニアを含む東アフリカを起点として、西アフリカ、南アフリカ、そしてアフリカに次いで未電化地域の人口の多い南アジアで増加しており、私たちは、それらの地域を文字通り飛び回って実情を調べていきました。

その結果、18年の秋にまず、パキスタンの未電化地域を電化するベンチャー企業に貸付を行うファンドの提供を開始することになり、現在は、ミャンマーやアフリカ各地で同様の事業を行っているベンチャー企業に貸付を行うファンドも取り扱っています。

# 第5章　クラウドクレジットの始め方

## 元本保証の預金代わりではない

本章では、関心を持ってくださった読者のみなさんに向けて、具体的にクラウドクレジットのファンドの特性、またサービスを利用する（ファンドに投資を行う）ためにどうしたらよいか、注意ポイントなども含めて、より具体的に紹介していきます。

まず、クラウドクレジットのファンドに投資をするのに向いているのは、どんなタイプの方でしょうか。私としては、「株式やFXで相場が上下しても疲れない方」ではないか、と考えています。

クラウドクレジットは、新興国を中心に、素晴らしい事業を行って素晴らしい成長を遂《と》げている世界の事業者の方に、投資資金を届けるためのプラットフォームです。しかし、取り扱っているファンドは、ハイリスク・ハイリターンのものが多いです。

現在、日本や米国、欧州諸国の株式に分散投資を行った時の長期リターンは年率5％程度ではないかといわれていますが、クラウドクレジットでは表面利回りが5～13％程度のファンドを多く取り扱っています。

リーマンショックで、一時は1年で価値が半分になってしまったこともある先進国の株式市場の長期リターンが５％程度といわれますので、表面利回りがそれ以上のファンドのリスクが低いわけがありません。いくら素晴らしい事業で、現在は大きな成長を遂げている企業でも、事業を取り巻く環境が悪化し、借り入れたお金をスケジュール通りに返せなくなる、または、返済できる額が借り入れた額を下回ってしまうといったことは確率的に十分起こりえます。

クラウドクレジットでは、この借り手の遅延・デフォルトのリスクを小さくするために比較的規模が大きく、中小企業というよりは中堅企業といったほうがよい企業にお金を貸し付ける案件も増やしています。しかし、倒産する確率が低くなれば、金利もその分低くなります。

為替変動リスクもありますから、私たちが提供しているファンドの大部分は株式同様のリスク・リターンだと考えていただければ、と思っています。

元本保証の預貯金とはまったく異なるものであり、その意味では、株式やＦＸなどの経験があったりして、短期的な価格の上下動が過度には気にならない方に向いているといえると思います。

## ポンジ・スキームにご注意を！

「ポンジ・スキーム」というキーワードを聞いたことがあるでしょうか。これは、事業の実体がないにもかかわらず、新たな投資家のお金を、先に投資をした人への償還金に回すことで、あたかも投資がうまくいっているかのように見せかけ、より多くのお金を投資家から集める詐欺《さぎ》的な手法のことをいいます。

数年前まで、貸付型クラウドファンディングだと宣伝しながら、その実態はポンジ・スキームだといわれても仕方のないような、融資先に実体のないファンドがいくつもありました。

こうした事業者たちは、金融当局が早い段階で処分を行えば、投資家の資金が全額返ってこないという最悪のケースに至らずに済む案件が多そうにも思えます。しかし通常は、その詐欺的スキームが破綻《はたん》して返すお金がない「すっからかん」の状態になってから発覚することが多く、きわめて悪質で危険度の高い行為といえます。

貸付型クラウドファンディングは、ビジョンとそれを実行する能力を兼ね備えた事業者が運営を行えば、社会に新しいお金の流れを作ることができる仕組みだといえます。投資家の方にも新しい投資機会を提供できる、Win-Win の関係を生み出せるポテンシャルがある一方で、ポンジ・スキームを企《たくら》む悪い事業者にも利用しやすい仕組みであることも事実であり、投資家の方々は、悪質業者には細心の注意が必要です。

ポンジ・スキームがたちが悪いのは、9%や10%という高い利回りを標榜《ひょうぼう》しても、新しい投資家から集めたお金を流用することで遅延・デフォルトを1件も起こすことなく、まるで運用で全勝して償還できているかのように見せかけることが可能な点です。もちろん自転車操業ですから、やがて破綻することは確実です。

私たちクラウドクレジットでは、「世界をつなぐ金融」というビジョンを実現し、また日本の投資家の方に新しい投資機会を提供するための投資活動を行ってきました。もちろん、遅延・デフォルトが起きてもよいとはまったく思っていません。それでも、先のカメルーンで組成したファンドを中心に、遅延・デフォルトが起きているファンドもあります。そのため、一部の投資家の方から、あたかもうまく運用しているかのように見せかけているポンジ・スキームの悪質業者よりも低い評価をいただいてしまうという、非常に悔《くや》しい思いをする時期が数年続きました。

金融当局には、ポンジ・スキームを用いた悪質な事業者が二度と金融の表舞台に立つことがないよう、厳しい指導を行っていただきたいと思っています。

## 高い表面利回りを提供できる理由

一方、きちんとまじめに運営を行っている貸付型クラウドファンディングのファンドであっても、高い表面利回りを出せるのはなぜでしょうか。その理由は、貸付を行う対象となる事業者やプロジェクトの高い利益率にあります。

貸付型クラウドファンディングは、銀行が融資を行えない事業者やプロジェクトに対して貸付を行うことが多いため、ハイリスクです。そのため、高い金利が取れないと投資を行う意味がなくなってしまいます。

たとえば、クラウドクレジットが貸付を行っている新興国の成長企業は、リスクも高いのですが、同時に事業利益率も高く、たとえば13％の金利でお金を借りたとしても、その借りたお金を原資として行った事業の利益率が30％や40％、またはそれ以上だったりします。

これは、新興国ではまだまだ事業者が足りない分野だらけで、それほど複雑な事業を行わなくても高い利益を出せるからなのです。

左のグラフは、南米のチリの中小企業の自己資本利益率（ＲＯＥ）の分布図です。これを

チリの中小企業の自己資本利益率（ROE）の分布

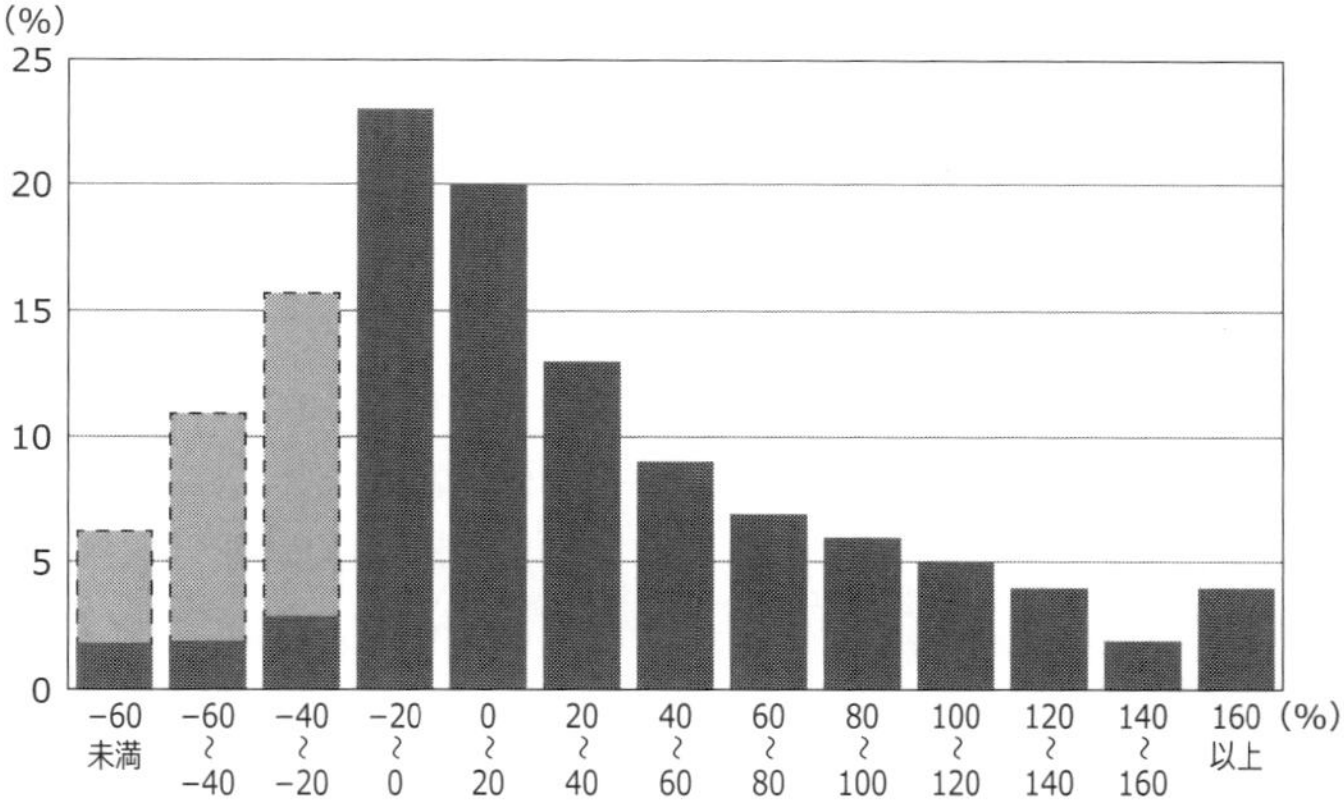


出所：チリの税務署、中央銀行のデータをもとにクラウドクレジット作成

見ると、自己資本利益率が50％以上、もしくは100％以上といった利益率の高い中小企業も相当量あることがわかります（なお、税務署のデータが基になっているため、赤字の企業はもっとあるのでは、とグラフに推定値を点線で補っています）。

また、2005年に開発経済の研究者が南アジアのスリランカで調査を行った際には、現地のマイクロファイナンス機関から20％の金利でお金を借りている事業者は平均的に60％程度の事業利益率を出し、お金を借りなかった事業者よりも業容を拡大していったという結果でした。

このように、「お金を借りる事業者（やプロジェクト）の利益率が、貸付の金利よりも高い」から、高い金利で貸付を行う貸付型クラウドファンディングが持続可能性のある運営を行えるのです。

貸付型クラウドファンディング事業者には、高いリスクに見合った高い金利でお金を借りても、高い事業利益率のため事業をいっそう成長させられる事業者を見つけたり、見極めたりする能力が求められるといえます。

## クラウドクレジットに向く人は？

貸付型クラウドファンディング事業者が提供するファンドの場合、その性質は、個人向け社債のリスクを高くしたものと理解すればわかりやすいです。

日本で個人向け社債がデフォルトして元本割れしてしまったことは、歴史上ゼロではないものの、ほとんどないそうです。もちろん社債の金利もそれに応じた水準で、円建てで1〜4%くらいのことが多いです。それよりは若干リスクが高いというものです。ですから、日々デフォルト・リスクを意識する必要性はあまり高くないといえます。

一般的に日本で提供されている円建ての個人向け社債は返済の遅延やデフォルトの可能性が低く、社債の金利でコツコツと資産を増やしていける可能性が高いことから、大きく上下動する相場の動きは怖いけれども、自分のお金を銀行預金に置いておくのはもったいない……という意識の方に向いているといえます。

一方、個人投資家の方が社債よりもリスクの高い貸付型クラウドファンディングのファンドに投資される際は、ご自身のリスク許容度がどの程度かをしっかり把握されてから始めることをおすすめします。リスク許容度を超えた金額を投資してしまうと、かなりドキドキすることになってしまうかもしれません。

クラウドクレジットのファンドでは、世界の成長企業はもちろん、事業の社会性が非常に高い事業者にも投資をしています。その魅力に惹《ひ》かれて、ついご自身のリスク許容度を超えた金額を、会社や事業への応援の意味も込めて投資をされることもありえます。しかし、これまで述べてきたように、遅延・デフォルトを起こす可能性のあるファンドを取り扱っています。また、外貨建てのファンドについては、ファンドの期中に円高が進むと、それによって元本割れを起こす可能性もあります。

実際、２０１９年3月現在、運用中のファンドの１％前後が、残念ながら元本割れをしてしまう見込みで、さらに４％前後に支払いの遅延があるなど、ファンドの運用開始時よりも期待リターンが低下しているものがあります。

また償還済みのファンドで見ると、円高によって元本割れしたファンドがだいたい10本に1本あり、主に貸し倒れと為替リスクという2つの要因でファンドが元本割れしてしまうリスクがあることは明らかです。

もちろん、後ほど詳しく説明する通り、2019年3月現在、クラウドクレジットのお客様で資産を増やしていただいている方が95%以上で、2018年12月末時点でその推定リターンの平均は約6%と、株式の長期リターンの期待値とほぼ同じとなっています。

とはいえ、結果的に6%のリターンを得られても、ご自身の許容度を上回るリスクのファンドに許容度を超えた金額を投資してしまうと、期中の上下動を受けてハラハラドキドキしてしまい、ファンドが償還されるころにはくたくたになってしまうかもしれません。そのため、株式投資のようにハイリスク・ハイリターン（であることが多い）と心に留めていただければ、と思います。

一方で、クラウドクレジットのファンドは、そのもうひとつの特徴として、日本、米国や欧州諸国といった先進国の株式市場の動向との相関が低いことがあげられます。

たとえば、ちょうど本書の執筆中、2018年12月〜19年1月の年末年始にかけて、米国を震源として先進各国の株式市場が乱高下する事態になりました。

しかしこの時期、クラウドクレジットのファンドの多くは、パフォーマンスにほとんど影響を受けませんでした。ファイナンスの世界では、この状態を「２資産の相関係数が低い」といいます。

ファイナンスの世界では、ハイリスク・ハイリターンで相関係数の低い２つの資産を持つと、その２つの資産のリターンが逆方向に行く（ひとつがうまくいっている時にもうひとつがうまくいっていない状態になる）ことが頻繁に起こり、結果的に資産が大幅に目減りする確率を下げられ、ポートフォリオ（分散投資し、保有している資産全体のこと）のリスクが低減されることが知られています。

そのため、株式やそれに投資を行う投資信託、ＥＴＦ（上場投資信託）を中心に資産運用を行っている方に、追加でクラウドクレジットのファンドを組み入れていただけば、アップサイドは株式、当社ファンドのどちらでも狙いに行きつつ、ポートフォリオ全体のリスクを若干低減させる効果を狙うことが可能になるといえるのです。

## 新興国通貨建ての意義とリスク

クラウドクレジットでは２０１９年現在、新興国通貨建てのファンドのラインナップも増加させています。その理由は、「資金需要者のほうが為替変動リスクを負わなくて済む」からです。

新興国の事業者は現地国の方を相手に商売を行うので、売上も当然現地通貨でたちます。しかし、円、ドルやユーロといった先進国通貨でお金を借り入れていると、先進国通貨が現地通貨に対して上昇した場合、借金が勝手に増加することになってしまいます。そしてインフレ率の差から新興国通貨は通常、先進国通貨に対して継続的に減価（下落）していくので、この「借金が勝手に増えていってしまう」という状況が起こりやすくなります。

それでも欧米の先進国の投資家が、新興国の事業者に対してドルやユーロで貸付を行い続けるのは、投資家側が為替リスクを負わないで済むからです。もちろん、リスクを負わない分、金利はかなり低めになります。

一方で、意外に思われるかもしれませんが、私たち日本人は、実は世界でもかなり新興国通貨建ての投資に慣れているほうなのです。

日本では、これまでも証券会社が新興国通貨建ての債券やその投資信託を販売したり、新興国通貨建てのＦＸ取引のサービスが日本で提供されてきました。そのため、日本の個人投資家は、米国のヘッジファンドよりも新興国通貨建ての運用に慣れているのでは、といわれることがあるくらいです。

このようなことから、新興国の資金需要者に現地通貨建てで貸付を行う動きは、日本発で広がっていくのではないかと私は思っています。

もちろん、現地通貨建てで貸付・投資を行えば、投資家の方は通貨の変動・下落リスクを負うことになります。

まず、新興国では、マクロ経済運営のノウハウがまだまだ国内に蓄積されていないため、インフレ率が先進国より高くなりがちで、それを調整するために、自国通貨が先進国通貨に対して継続的に下落しがちです。

理屈としては、日本では80円のりんごがケニアでは100円相当になるのであれば、みんな日本でりんごを買ってケニアで売れば儲《もう》け続けられることになります。しかし、現実にはそうならないよう、ケニアの通貨が20％下落する形で為替レートの調整が入ってバランスします。

クラウドクレジットは（クラウドクレジットのみならず、プロ投資家ならみんなそうしますが）、ある国のインフレ率が7％で、その国の通貨が毎年やはり7％くらい下落しそうなのであれば、円で貸付を行うよりも7％（または、不確実性を考慮してもう少し多く）の金利を上乗せします。それにより、通貨の下落分は金利で稼いでチャラにする、ということができます。

日本で販売されている新興国通貨建ての債券は、残念ながら十分な上乗せ金利が乗っていないことがほとんどですが、クラウドクレジットには、この「通貨ごとに必要な上乗せ金利」を計算するチームがいます。適正な金利の設定により、国内で販売されている新興国通貨建ての債券等に投資を行うよりも満足を得たと感じていただけるのではないかと考えています。

### 分散投資のマジックナンバー

ここまで読み進めてきた読者の方の中には、

「今はクラウドクレジットを利用している投資家の平均リターンが6％でも、何かの拍子に貸付先が倒産して自分の資産が大幅に目減りしてしまったり、通貨の暴落が起きて資産が半分になってしまったりする可能性があるのではないか。それを考えると怖い」

と思われた方もいるかもしれません。

もちろん、たとえば1つ、2つのファンドにのみ投資をされた場合、こういうことが起こ

**分散投資によるリスク低減効果**

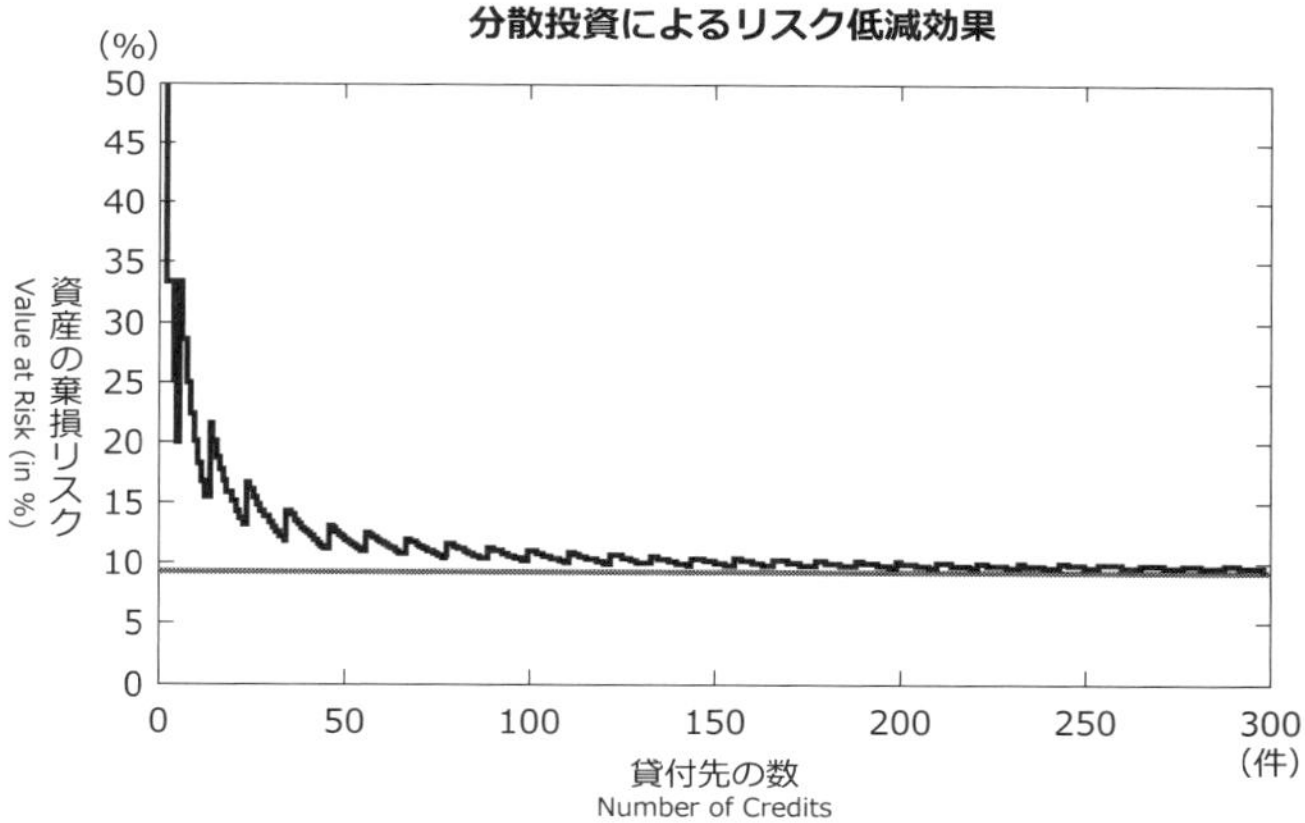


出所：Risk Management in Credit Portfolios (Martin Hibbeln)

らないとはいえません。もともとそういうリスクを織《お》り込んで表面利回りが8％、10％、場合によっては13％といった高い水準になっています。

とはいえ、実は株式投資と同じで、30程度のファンドに分散投資をしていただければ、もちろん確率論ではあるのですが、投資家の方の資産が大幅に目減りしてしまうリスクを大きく低減させることができます。

上のグラフをご覧ください。これは分散によるリスク低減のチャートで、横軸が貸付先の数、縦軸がどれくらい資産が棄損してしまう可能性があるかのシミュレーションを行った結果です。貸付先が1つや数件くらいだと、小さい確率とはいえ、資産が大幅に棄損する可能性のあることがわかります。

しかし、貸付先を10、20、30と増やすにつれて、小さな確率で起きるケースに当たってしまったとしても、資産の棄損率は格段に小さくなっていることが見てとれます。これが分散投資の効果です。

その一方で、貸付先の数が30を超えると、40、50と増やしていっても、資産の棄損率の低減効果が小さくなっていくことも見てとれます。ここから、「30」は分散投資のマジックナンバーといわれており、「いくつに分散投資をすればよいのか？」という疑問に対するひとつの目安になっています。

２０１９年1月現在、クラウドクレジットは、投資家の方に25程度の事業者への投資（貸付）を行う機会を提供しています。２０１９年中には、このマジックナンバーである30以上の機会を提供したい、と考えています。

貸付先が30を超えると、いくら分散をきかせてもそれ以上のリスク低減効果が期待できなくなるのは、「共倒れリスク」があるからです。これは、２００８年のリーマンショックを想像していただくとわかりやすいです。

リーマンショックの時は、日本、米国、欧州諸国と、先進国では世界同時にどの国も不況に陥《おちい》ってしまい、倒産も増加しました。こういう状況では、いくら分散投資をしてもどの貸付先も傷《いた》んでいるため、たとえ貸付先が30でも３００でも、貸し倒れる割合はほとんど変わらなくなってしまうのです。

実際に１００種類、２００種類といったファンドを購入しようとすればとんでもない手間になりますし、現実的でもありません。リスクヘッジのための「分散先は30で十分」というのは、投資家にとって朗報かもしれません。

## 〝全張り〟のすすめ

ファンドマネージャーとして資産運用を行うにあたっては、「自分の家族や友人にすすめられる運用をしなさい」とよくいわれます。実際に、私が友人から「クラウドクレジットのどのファンドを買ったらいい？」と聞かれた時は、私は必ず「〝全張り〟をしてほしい」と答えています。

クラウドクレジットはどのファンドも、組成チームが何ヵ月もかけて審査を行い、投資委員会で私も含む投資委員全員がお客様に提供することに賛成した案件だけを進めています。その中で、「あれはいい、これはダメ」というのはおかしな話ですし、投資していただくお客様には、貸付先も地域も業種も通貨も、できるだけ分散をしていただきたいと考えています。

資産運用としての「おすすめ」は〝全張り〟というのが私からの回答になるのですが、難しいのは、「応援したいから」という理由でクラウドクレジットが組成するファンドに投資をしていただく方の場合です。

たとえば、メキシコの女性起業家を応援したいのでそれを実現できるファンドに投資したい、ケニアに特別な思い入れがあるのでケニアにお金が届くファンドに投資をしたい、と考えている投資家の方がいたとします。それなのに「全張りをしてください」と言われても、なかなか納得できるものではないでしょう。

それでも、私の「強い」おすすめは、やはり全張りをしていただくことです。

前述の通り、経済的リターンを犠牲にしない一方で、社会的リターンについては具体的に測定できるところまで追求する投資のことを（社会）インパクト投資と呼び、クラウドクレジットでも2018年1月から提供を開始しています。そして実は、このインパクト投資業界で有名な言葉が、

「Don't fall in love.（恋に落ちるな）」

なのです。

どんなに魅力的な事業を行っている方、社会的に意義がある事業を行っている方でも、倒産する確率は（ある人にとって）ありふれた普通の会社と同じです。ある会社の事業に強く共感したので、1円でも多くそこにお金が届くように、と投資できる資産全部を投じた場合、仮にその会社が倒産してしまったら、投資したお金のほとんどを失うことになりかねません。時に、強い共感の思いがあるために余裕資金を超えたお金まで注ぎ込む方もいますが、もし最悪の事態が起こったら、メキシコやケニアの方を応援するどころの話ではなく、ご自身が大変なことになります。

「応援したい」という気持ちで投資を考える方にお伝えしたいのは、「投資は、実行する時はワクワクし、運用が始まるとドキドキする」ということです。投資を実行する時のご自身の感情と、運用が始まってからのそれはまったく別のものになります。

クラウドクレジットでは、投資金額は1万円から行えるようにしています。もし、「自分はどうしてもこの案件を応援したいから、この案件に集中投資だ！」と思われたら、まずはなるべく小さな金額で〝試し投資〟をしてみてください。投資を実行する前と運用が始まってからの心境の変化を実感されたうえで、本格投資を考えることをおすすめします。

## 口座開設から実際の投資まで

さて、ここまで読み進め、「理屈はわかったけど、いったいどうやって投資をするの？」と疑問を持たれた方もいると思います。

本書はあくまで、これからの新しい金融のかたちを考えるヒントとして、私たちが取り組む貸付型ソーシャルレンディングの実情を知っていただこうと執筆したものです。とはいえ、理念ばかり書いて方法を書かないと、読者のみなさんは消化不良かもしれません。そこで、実際にクラウドクレジットで投資を始めるプロセスも簡単に説明していきます。

とはいえ、こうした内容は少々〝営業〟めいてしまいますし、クラウドクレジットのホームページをご覧いただければ概要はわかりますので、「必要ない」と思われた方は読み飛ばして次章へ進んでください。

①クラウドクレジットの新規登録はホームページのトップページから行うことができます。
口座開設に進む前に、まずは「はじめての方へ」をぜひご一読ください。本書に書ききれなかった、クラウドクレジットについての説明も詳しく記載しています。

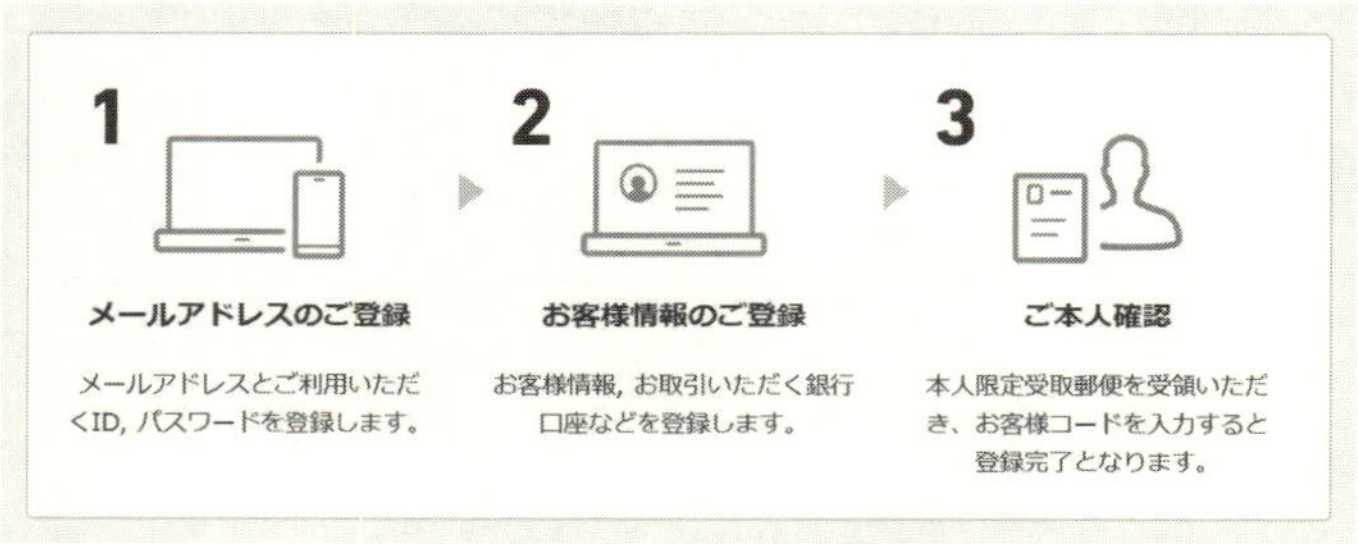


2 「はじめての方へ」をお読みいただいたら、口座開設です。

クラウドクレジットの口座開設は、上の図のように3ステップです。

3まずはページトップから「無料で新規登録」「今すぐ新規登録される方はこちら」をクリックし、メールアドレスを登録します。

　登録したメールアドレスに送信されるリンクから、お客様情報を登録いただくページに進みます。お客様情報を記入いただくと、クラウドクレジットから本人確認のハガキがご自宅に届きます。この流れは、ネット証券で口座を開設する時とほとんど同じです。

　クラウドクレジットの場合は、届いたハガキに記載している5ケタのコードを「マイページ」に打ち込んでいただいたら、口座開設は完了です！

トップ・お知らせ | 分配チャート | 保有ファンド一覧 | 入出金・口座情報 | 入出金明細 | 法定書面 | アカウント情報管理・設定

現在募集中の商品

| ファンド名 | 通貨 | 期待利回り（年率） | 販売金額 | 運用期間 | 分配方法 | 応募状況 | 残り予定販売日数 | ステータス |
|---|---|---|---|---|---|---|---|---|
| メキシコ省エネ事業支援ファンド7号 | USD | 6.6% | 10,000,000円 | 約37か月 | 元本満期一括 | 26% | 6日 | 募集中 |
| 【モンゴルトゥグルグ建て】モンゴル中小企業支援プロジェクト5号 | MNT | 8.7% | 10,000,000円 | 約19か月 | 満期一括 | 59% | 6日 | 募集中 |
| 【円建て】マイクロローン事業者ファンド1号<br>償還実績あり | JPY | 7.1% | 50,000,000円 | 約19か月 | 満期一括 | 67% | 6日 | 追加募集中 |
| シンガポール広告代理店ベンチャー企業支援ファンド6号 | USD | 10.0% | 45,000,000円 | 約25か月 | 満期一括 | 70% | 6日 | 追加募集中 |
| 【ケニアシリング建て】アフリカ未電化地域支援ファンド1号 | KES | 10.7% | 25,000,000円 | 約25か月 | 元利５回払 | 65% | 6日 | 追加募集中 |
| 【為替ヘッジあり】東欧金融事業者支援ファンド99号<br>償還実績あり | JPY | 6.2% | 32,000,000円 | 約13か月 | 満期一括 | 63% | 6日 | 募集中 |
| 【為替ヘッジあり】東欧金融事業者支援ファンド100号<br>償還実績あり | JPY | 7.8% | 60,000,000円 | 約19か月 | 満期一括 | 37% | 6日 | 募集中 |
| 東欧金融事業者支援ファンド87号<br>償還実績あり | EUR | 9.0% | 25,000,000円 | 約19か月 | 満期一括 | 42% | 6日 | 募集中 |
| 【ブラジルレアル建て】マイクロローン事業者ファンド18号<br>償還実績あり | BRL | 8.8% | 10,000,000円 | 約19か月 | 満期一括 | 35% | 6日 | 募集中 |
| 【ロシアルーブル建て】マイクロローン事業者ファンド49号<br>償還実績あり | RUB | 10.4% | 15,000,000円 | 約19か月 | 満期一括 | 63% | 6日 | 追加募集中 |
| 【メキシコペソ建て】東欧金融事業者支援ファンド3号<br>償還実績あり | MXN | 10.8% | 15,000,000円 | 約19か月 | 満期一括 | 70% | 6日 | 追加募集中 |
| インドネシア中小企業支援ファンド3号<br>《貸付条件変動型》 | IDR | 変動型 | 30,000,000円 | 最長25か月 | 変動型 | 62% | 6日 | 追加募集中 |
| パキスタン太陽光事業者支援ファンド3号 | PKR | 10.0% | 10,000,000円 | 約25か月 | 元利5回払 | 53% | 6日 | 募集中 |
| ユーラシア個人向け小口融資事業者支援ファンド12号 | EUR | 10.1% | 15,000,000円 | 約31か月 | 満期一括 | 58% | 6日 | 追加募集中 |

4 口座開設が完了すると、次は案件選びです。
マイページ左上の「トップ・お知らせ」タブをクリックすると、案件一覧が出てきます。

⑤案件を選択すると、ファンドの詳細を説明しているページに飛びます。

ここでは一例として、パキスタンの未電化地域の電化事業を行っている事業者に投資資金が届くファンドを選択してみます。

各タブでそのファンドの仕組みやリスクを説明していますので、ぜひ確認してみてください。

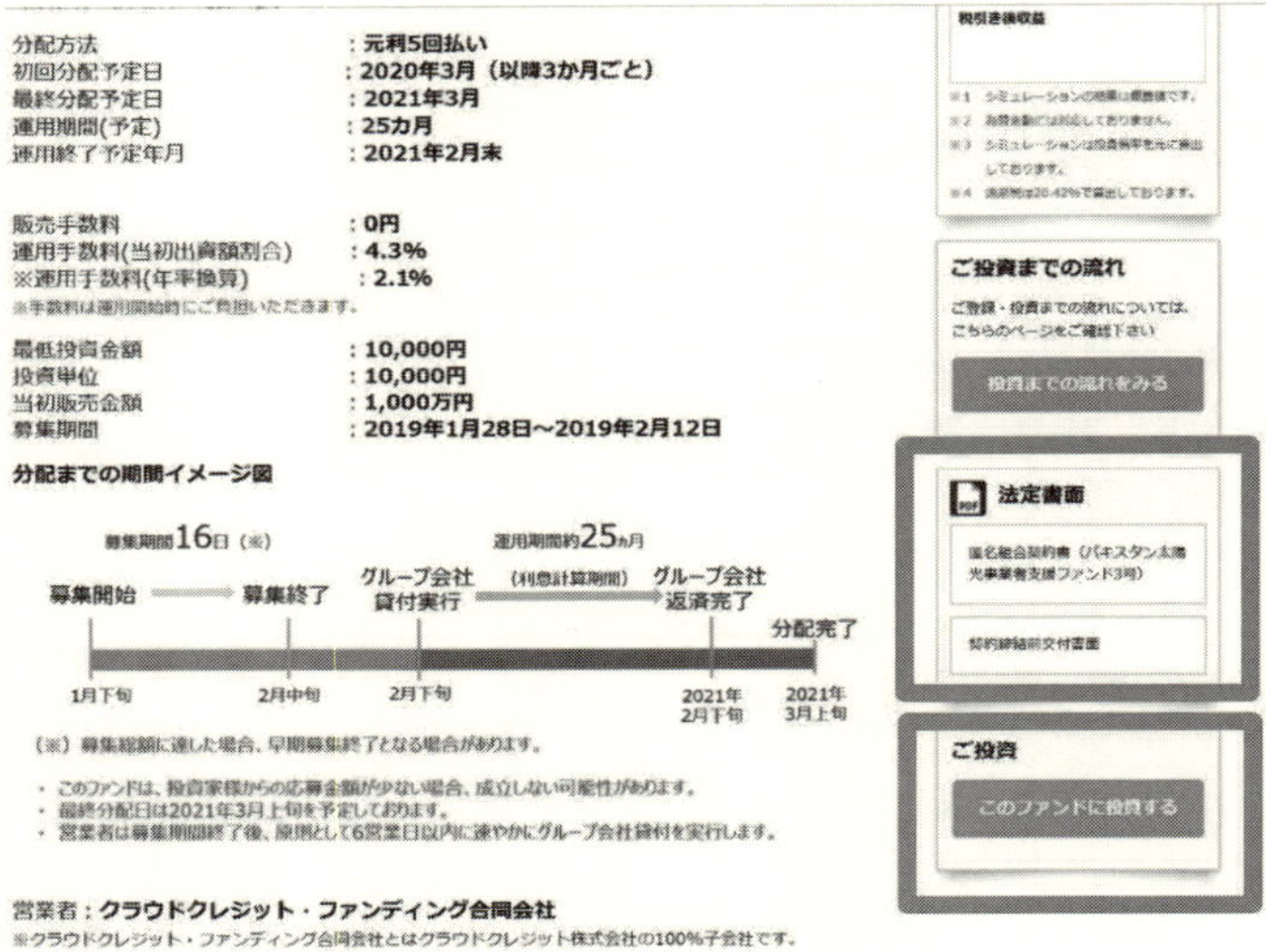

分配方法　：元利5回払い
初回分配予定日　：2020年3月（以降3か月ごと）
最終分配予定日　：2021年3月
運用期間(予定)　：25カ月
運用終了予定年月　：2021年2月末
販売手数料　：0円
運用手数料(当初出資額割合)　：4.3%
※運用手数料(年率換算)　：2.1%
※手数料は運用開始時にご負担いただきます。
最低投資金額　：10,000円
投資単位　：10,000円
当初販売金額　：1,000万円
募集期間　：2019年1月28日～2019年2月12日
分配までの期間イメージ図
募集期間16日（※）
運用期間約25ヵ月
募集開始
募集終了
グループ会社
貸付実行
（利息計算期間）
グループ会社
返済完了
分配完了
1月下旬
2月中旬
2月下旬
2021年
2月下旬
2021年
3月上旬
（※）募集総額に達した場合、早期募集終了となる場合があります。
・このファンドは、投資家様からの応募金額が少ない場合、成立しない可能性があります。
・最終分配日は2021年3月上旬を予定しております。
・営業者は募集期間終了後、原則として6営業日以内に速やかにグループ会社貸付を実行します。
営業者：クラウドクレジット・ファンディング合同会社
※クラウドクレジット・ファンディング合同会社とはクラウドクレジット株式会社の100%子会社です。
税引き後収益
※1　シミュレーションの結果は概算値です。
※2　為替変動には対応しておりません。
※3　シミュレーションは投資利率を元に算出しております。
※4　源泉税は20.42%で算出しております。
ご投資までの流れ
ご登録・投資までの流れについては、
こちらのページをご確認下さい
投資までの流れをみる
法定書面
匿名組合契約書（パキスタン太陽光事業者支援ファンド3号）
契約締結前交付書面
ご投資
このファンドに投資する

⑥「この案件に投資をしたい！」というファンドが見つかったら、匿名組合契約書、契約締結前交付書面をご確認のうえで、「このファンドに投資する」から投資していただくことができます。

7なお、ファンドの購入には、事前に投資金額を当社預託金口座にご入金いただく必要がありますのでご注意ください。

ファンド購入資金の預託金口座への入金は、マイページの「入出金・口座情報」に記載されています。

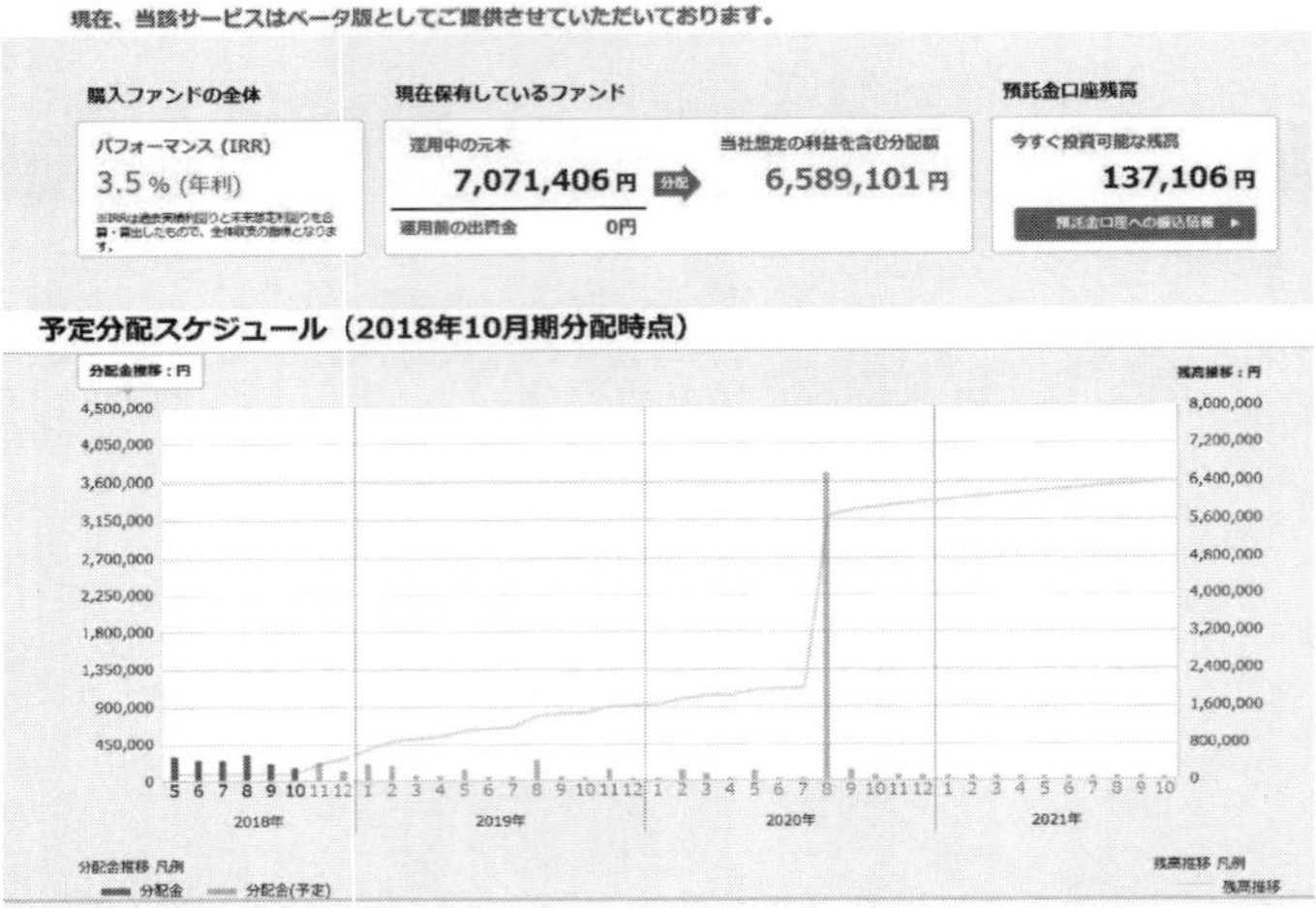


8 ファンドの運用が始まると、運用状況は月次で更新され、マイページの「分配チャート」タブで、運用しているファンド全部を合わせたその時点での期待利回りや、キャッシュフロー（いつ分配金が返ってくるかの予定スケジュール）を確認することができます。

## 「4つのレポート」で状況確認

さて、実際に投資を開始した後は、ファンドの運用状況をチェックできるように、「4つのレポート」を配信しています。また、ホームページのページトップの「運用状況・実績」タブからも確認ページに移動できます。

「期待リターンマップ」タブを選択すると、全ファンドの貸付先の状況が顔アイコンの表情で4段階に分けて月次で更新されており、最新の状況を確認することができます。

予測時点：2018年 12月 31日現在

| ファンド名 | 期待リターン (全号共通) |
|---|---|
| ペルー小口債務者支援プロジェクト<br>→円建て、ソル建て | |
| 欧州3か国個人向けローン・ファンド<br>→ハイイールド型、為替ヘッジあり/なし | |
| 欧州3か国個人向けローン・ファンド<br>→バランス型、為替ヘッジあり/なし | |
| 欧州3か国個人向けローン・ファンド<br>→リスク低減型、為替ヘッジあり/なし | |
| イタリア個人向けローン・ファンド | |
| 北欧個人向けローン・ファンド<br>→為替ヘッジあり/なし | |
| 東欧金融事業者向けローン・ファンド<br>→ユーロ建て、メキシコペソ建て、<br>為替ヘッジあり | |
| バルト三国自動車リースファンド | 早期償還済み |
| マイクロローン事業者ファンド<br>→ドル建て、ユーロ建て、ルーブル建て、<br>ジョージアラリ建て、ブラジルレアル<br>建て、為替ヘッジあり | |
| ジョージアマイクロローン事業者ファンド<br>→為替ヘッジあり/なし | 早期償還済み |
| ジョージアマイクロローン事業者ファンドⅡ | |
| ペルー金融事業者支援ファンド | |
| ペルーマイクロファイナンス支援ファンド | |
| ユーラシア金融事業者ファンド | |
| ニカラグア金融事業者支援ファンド | |
| ペルー協同組合支援ファンド | |
| メキシコ女性起業家支援ファンド | |
| 米国不動産ローンファンド（倉庫A） | |
| 米国不動産ローンファンドB | |
| 米国不動産ローンファンドC | |

**お客様全体の損益統計**

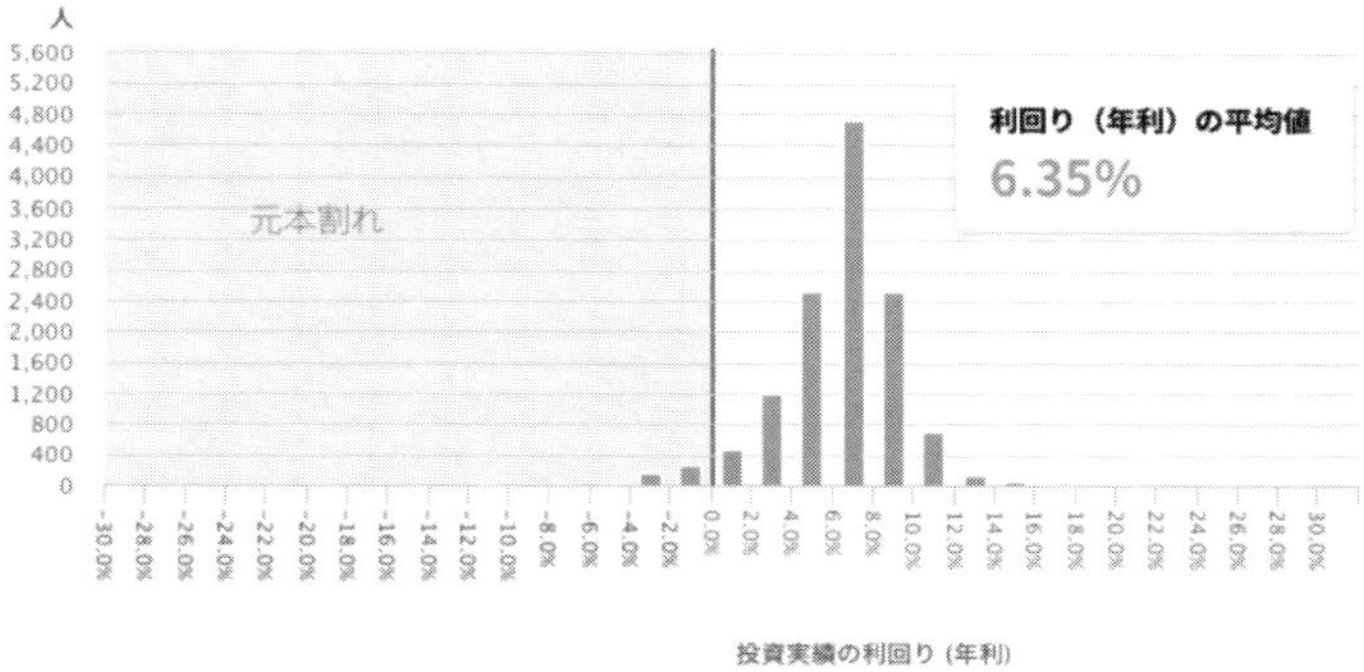


さらに、「お客様全体の損益分布図」タブでは、クラウドクレジットで運用をされている方全員の損益の状況を月次で更新しており、上の図のように最新の状況を確認できます。

ファンドが満期を迎えると、そのファンドに投資している方にはメールで満期時報告レポートを配信します。また、自身が投資したファンド以外でも、満期時報告レポートは「満期時運用レポート」タブから、償還した全ファンドについて確認することができます。

残念ながら遅延してしまっているファンドについては、該当するファンドに投資されている方に状況を直接報告するレポートをメールで配信します。

また、「運用状況のご報告」タブからは、投資していないファンドであっても、レポートをチェックできるようになっています。

# 第6章　クラウドクレジットが創る新しい金融のかたち

## 伝統的金融が直面する現実

第1章に書いたように、日本でも世界でも、今、先進国では伝統的金融機関がその役割を問われるようになっています。

新興国のように、経済がぐんぐん伸びるステージにある国・地域では、成長資金を企業や事業に融通する金融の役割（仕事）が活発になります。しかし成熟国になると、従来からある融資中心の金融分野はレッドオーシャン化して、収益を上げることが難しくなっていきます。そのため新しい方法、新しい付加価値を求められ始めます。

伝統的な金融機関の中には、世界に打って出たり、フィンテック企業と組んで新しい分野に挑戦するところもありますし、伝統的な金融業であっても、よりよいサービスを追求して活路を見出そうと努力する会社もたくさんあります。

その一方で、新しい付加価値を生む道を見つけられない金融機関の中には、残念ながら、お客様にとって不要なデリバティブ商品を売りつけたり、資金の必要がない企業に頼んでお金を融資させてもらったり、リスク許容度の低い人に不動産を買わせたり借金漬けにしたり、といった方向に進んでしまうところも出てきます。

いずれにしても、第1章で見たように、伝統的金融は全体としては社会のニーズの移り変わりにより、今後かなり淘汰《とうた》が進んでいくのは間違いないところです。

## NEXTユニコーンに選出される

そういう時代の中で、今の日本に必要な金融とは何でしょうか。

世界と比較して日本がまだ遅れている「キャッシュレス化」に資する事業でしょうか。「貯蓄から投資へ」というスローガンは以前からあったものの、日本の家計は投資へと進まず、この数十年で米国、英国の家計と比較して資産の伸び率が大きく見劣る現状をかんがみ、資産運用革命という方向もあるかもしれません。

ちょうど本章の執筆を進めていた２０１８年12月、日本経済新聞社が「ＮＥＸＴユニコーン推計企業価値ランキング」を公表しました。フィンテック分野上位10社のうち実に８社が、キャッシュレスか資産運用分野の事業を行っているベンチャー企業でした。ここからも、キャッシュレスと資産運用の刷新に社会の強いニーズがあることが見てとれます。

私たちクラウドクレジットは全体の60位、フィンテック分野では8位に選出されました。クラウドクレジットは「世界をつなぐ金融」を進める会社です。その一方で、日本では投資家の方に新しい投資機会を提供する事業を行っていますから、資産運用会社でもあります。キャッシュレス化と資産運用分野における社会ニーズに応えるべく、引き続き投資家の方に「魅力的」だと思っていただける投資機会を提供していくことを目指します。

## 世界の流れは「融資」

一方、世界ではどのようなフィンテック企業が高い評価を得ているのでしょうか。

もちろん時価総額がすべてではありませんが、世界のフィンテック企業を時価総額の高い順に並べると、やはり、キャッシュレス関連企業が上位に来ているようです。

日本では資産運用サービスへの期待が高いのですが、世界でキャッシュレスと並んで急成長しているフィンテックの分野は、実はクラウドクレジットも行っている「融資」分野です。

人々の生活が便利になるわけですから、キャッシュレス事業が世界中で広がりを見せているのは想像しやすいところです。ではなぜ、日本では資産運用サービスへの期待値が高いのに、世界では融資なのでしょう。

これには大きく2つの理由があります。

まず1つ目は、米国と中国です。世界のフィンテック企業の中でも最も大きな市場は米国と中国であり、「世界」といっても、時価総額が大きい順にベンチャー企業を並べると、だいたいは米国か中国のベンチャー企業になります。

米国・中国では資産運用が市民権を得ていますから、家計資産が預金に大きく偏る日本とは状況が異なります。資産運用サービスはすでに十分にあり、米国・中国でキャッシュレス化と並ぶほど社会的ニーズが高いかというと、それほどでもありません。

その一方で、なぜこの2国で新しい融資サービスのニーズが高いかというと、社会の貧富の格差のためです。多くの日本人にとって、米国は世界一の経済大国というイメージだと思います。しかし、人口が約3億3０００万人いる中で、移民を中心に、貧困によって伝統的金融機関にアクセスのない人が７０００万人もいるのです。

従来の金融ではリーチできないものの、そこには大きな資金ニーズがあります。そこで、ＡＩなどの新しいテクノロジーを用いた審査を活用することで、そうした方々にもお金を届け、次のステップに無事進むことができたら返済に入っていただく。そのようなスキームが社会として求められているのです。

中国も同様です。ここ数十年間の中国経済の躍進は目を見張るものがありました。ＧＤＰ

は日本の倍以上の規模になり、すでに数億人が日本人と同じか、それ以上の水準で生活しているといわれています。

しかし、中国の人口は約14億人です。米国で伝統的金融機関がリーチできない人は7000万人ですが、中国ではその約10倍、7億〜8億人が新しい金融を必要としているといわれます。

そして、どちらの国にも無数の資金余剰の家庭があります。いずれも、国内にお金の必要に迫《せま》られている人とお金を投資するニーズのある人が同居している。そのため、貸付型クラウドファンディングのような新しい融資サービスが、キャッシュレス化と並んで爆発的に拡大しているのです。

世界で融資サービスが伸びている2つ目の理由は、新興国の成長です。

米国と中国以外に目を向けると、欧州諸国などは日本に似たところがありますが、新興国では、やはりキャッシュレス化と融資という2つの分野が爆発的な成長を見せています。

新興国では、先進国のような決済インフラが整っていないため、キャッシュレスでの決済網を整備するニーズは先進国よりも強いといえます。また、お金を必要としている人も、米国や中国に勝る勢いで増加しているのです。

その一方で、新興国で融資を行うに際して、米国や中国と異なるのは、資金供給の主体が限られていることです。そのため、クラウドクレジットがここに投資としてのお金を届けようとしていることは、これまでお話しさせていただいてきた通りです。

## 新しい資産運用の2つの方向性

話を、日本でニーズと期待値の高い資産運用サービスに戻します。

日本でも世界でも、新しい資産運用サービスは大きく2つに分かれます。ひとつはAIなど新しいテクノロジーを用いた資産運用サービス。そしてもうひとつは、クラウドクレジットもこちらに属しているのですが、既存の金融機関だけではお金がきちんと届かない方々に、新しい仕組みでお金を届ける資産運用サービスです。この分野は、「金融包摂（Financial Inclusion）」という言い方をされることもあります。

前者はロボアドバイザーが有名で、日本でも2019年3月現在、2000億円を超える市場規模になってきています。安価なインデックス・ファンドを長期・積み立てで行うことを突き詰めたサービスということができ、これは日本人がよりいっそう豊かになることに焦点をあてた分野といえます。

一方で、後者の金融包摂のための資産運用は、「インパクト投資」という言葉に代表されるように、経済的リターンと社会的リターンの両方の実現を目指す資産運用サービスです。日本の場合は、米国や中国と異なり、融資分野においては伝統的金融機関が国内人口のほとんどにリーチしています。そのため、海外のようなＡＩ等を用いて貸付を行う新しい融資サービスへのニーズは国内ではあまり見られず、ＡＩを用いたロボアドバイザーや利便性を追求したスマホ証券会社のほうが多いというのが現在の状況です。

## 新しいマイクロファイナンスの星

せっかくですので、ここで世界で金融包摂にチャレンジする注目のフィンテック企業を紹介しましょう。Branch International という会社です。

Branch International は、２０１５年に米国のシリコンバレーで設立されました。それから1年ほどで、世界で最も有名なベンチャーキャピタルのひとつである、Andreessen Horowitz 等から約10億円の資金調達を行い、一躍注目を浴びました。

事業モデルは、ケニアで個人に対して小口の融資を行うというものでしたが、特徴的なのは携帯電話やＳＮＳ、さらにはケニアでは「エムペサ」というモバイル送金網が爆発的に広がっていることから、その送金履歴などを使って情報を取得し、ＡＩで最適なスコアをつけて個人に対して融資を行う点です。もちろん、融資の貸付と返済もモバイル送金網で行われます。これらさまざまなソースを通じて大量に取得されるデータこそ、「ビッグデータ」と呼ばれるものだとピンときた方も多いでしょう。

この方法により、従来の審査法ではリーチできなかったケニアの個人に、次々にお金が届けられるようになりました。そのため、Branch International のフェイスブックのページは、一時「Thank you!」のメッセージが止まない状況になりました。

Branch International の事業が画期的な点が、もうひとつあります。

フィンテックは２０１４年くらいから世界中でブームになっていきましたが、個人向け融資の分野に関しては、国ごとの文化・習慣の違いなどから多国展開が難しいことが論点になっていました。しかし、ビッグデータを用いてＡＩが審査を行う Branch International の事業モデルは多国展開に成功し、２０１９年1月現在、タンザニアとナイジェリアでも同様の事業を順調に急成長させ、他の国や地域への展開も進めているそうです。

快進撃が続く Branch International ですが、事業展開を加速させるために、２０１８年には、さらに80億円程度の資金をベンチャーキャピタルのシンジケート団から調達しています。

Branch Internationalの創業者の一人、Matt Flanneryさんは、何度もゼロから事業を立ち上げる「シリアル・アントレプレナー（連続起業家）」です。そして実は、Mattさんは、インターネットを介して資金を提供するマイクロファイナンス・プラットフォームのパイオニア「Kiva」の設立者でもあります。

Kivaのサービスを利用すれば、世界中の個人が、世界中のマイクロファイナンス機関を通じて、金利０％で現地の個人や零細事業者の方にお金を貸し付けることができます。金利ゼロですから、リターンはありません。にもかかわらず、２００５年の開業以来、これまでに１４００億円ものお金が、Kivaを通じて世界中の資金需要者に届きました。

## Kivaが本当にやりたかったこと

実は私は、MattさんがBranch Internationalを創業する直前（２０１４年か15年）に、コロンビアのボゴタで行われたフィンテック・カンファレンスでMattさんとお話しする機会がありました。

当時、私はクラウドクレジットを開業したばかりで、運用額も1億円に満たない状態でした。でも、Mattさんは、世界中に融資するクラウドファンディング・サービスを日本でやっている私に興味を持ってくれました。Kivaの設立者であるMattさんは有名人ですから、ほかにも彼と話したい方が大勢いたのですが、立ち話でしたが、たくさんのことをお話しすることができました。

Mattさんは実は、Kivaを立ち上げる時に、私たちクラウドクレジットのような事業にしたかったのだそうです。ところが、哲学科出身で金融法制の細かい話がわからず、また、米国では金利を０％にすると法規制が非常に緩くなるため、仕方なく金利を０％にして、現在のようなサービスになったというのです。

確かに、Kivaは世界中の人に使われるサービスになりました。しかし、Mattさんもやはり、お金の出し手にアップサイド、つまり何らかの利得がありうる仕組みを持っていないと、持続可能性の面からも、お金の流れは拡大していきにくいと考えていたようです。

ちなみに、Kiva設立当時は、世界中でお金の流れを作る個人向け金融サービスなどどこにもありませんでした。そのため銀行には「詐欺《さぎ》じゃないか？」と冷たくあしらわれ、事業開始に向けた金融当局とのやりとりも相当熾烈を極めたという話でした。

私もちょうど、１年を超える日本の金融当局とのやりとり、また、倒産の恐怖を乗り越えて開業に漕《こ》ぎ着《つ》け、サービスの提供を始めたばかりでした。そのため、Mattさんとの会話は起業の苦労話競争のようなものになりました。

「いやいや、Mattさん。そうはおっしゃいますが、日本で金融サービスを立ち上げるのに比べたら、そんなのは私にとっては大変のうちに入らないよ」

「いやいや、米国の当局はな……」

Mattさんと話すための行列がどんどん長くなる中、Mattさんと私は、自国の金融当局の〝愚痴〟を熱く語り続けたのでした。

それから半年から1年ほど経って、インターネットのニュースで、Mattさんが前述のBranch Internationalを新たに立ち上げたことを知りました。Mattさんがついに、Kivaで実現できなかった想いを形にする時が来たのだな、と私は胸が熱くなりました。

## みんなで創る「金融第3の柱」

今では世界中の人に使われているKivaでも、サービスを立ち上げる時は金融当局に軽くあしらわれ、銀行から口座開設を拒《こば》まれるところからのスタートだったのです。

実は、クラウドクレジットも同じような経験をしています。会社登記前に、ある弁護士に

「顧問弁護士になっていただきたい」と依頼に行ったところ、「あなたが詐欺師である可能性がある」と断られ、銀行口座も、会社を登記してから半年間、全部の銀行に断られ続けて開設できず、シード投資家の方が当社に出資をしようとしてもお金を振り込む先がない始末でした。

しかし、その一方で、多くの方にご支援いただきました。

顧問弁護士が見つかるまでの間、弁護士の友人が夜間や週末を使って必要な法令面のアドバイスをくれました。飛び込みで顧問税理士をお願いした方は、どこの誰かもわからない青年の話を真摯《しんし》に聞いてくださり、ご快諾いただけました。私一人と、手元にペルーで不良債権投資を行うところから始めるという〝怪しい事業計画書〟があるだけの状況にもかかわらず、投資家の方がシード出資を実行してくださいました。

半年間開けなかった銀行口座も結局、三菱東京UFJ銀行（当時）某支店の窓口の方が「口座開設の書類、ここの部分を丁寧に説明すれば、きちんと審査を通りやすくなるんですよ」とアドバイスをくださり、その通りに整えて提出したらついに開設できた、ということがありました。ゼロからスタートする過程で、ここには書ききれないほど本当にさまざまな方のサポートをいただいて、クラウドクレジットが徐々にできあがっていきました。

「縁」という言葉があります。ご縁とは本当に不思議なもので、まだまだ開業時期も見えないころにこんなこともありました。

何かのカンファレンスで、会場のフロアに上がるエレベーターの中で2人だけになったので、隣の人に「何をされているんですか?」と話しかけました。その方はベンチャーキャピタリストで、その後、親しくさせていただくことになったばかりか、インパクト投資枠で当社に株式出資いただくことになる第一生命保険さんを紹介してもらうご縁につながりました。

また、別のカンファレンスでたまたま席が隣になった女性に「何をされているんですか?」と聞いたら、金融ベンチャー(そのころは、まだフィンテックという言葉が一般的ではありませんでした)の「ピッチ・イベント」を数ヵ月後に主催されるという話でした。ピッチ・イベントとは、ベンチャー企業が次々聴衆の方に事業コンセプトを紹介するプレゼンテーションを行っていくイベントのことですが、クラウドクレジットはまだ開業もしていないベンチャー企業なのに登壇させていただけることになりました。

ちなみにそのイベントは、フィンテック・ブームとともに拡大を続けたFIBCという日本最大のフィンテック・ピッチ・イベントで、もちろん今でも毎年開催されています。

立場が人を作る、といわれます。私は大きな会社で働いていた時は、まったくもって「本当にさまざまな方のサポートがあってここまで来られた」なんて口にするタイプではありませんでした。しかし、実際に何かを創ろうとしてもがく中で、世の中には知名度のかけらもない若者をサポートしようとするタイプの方がいて、そういう方々のご支援あってこそ、まったく新しいプロダクトやサービスが形作られ、世に送り出されていくんだ――その事実を、まさに身をもって知りました。

クラウドクレジットをよりよいサービスにしていくための仲間も、一人、また一人と増えていきました。２０１９年３月現在は55人を超える役職員によって運営されています。

２０１４年６月に貸付型クラウドファンディング・サービスを開業すると、私たちの目線は一にも二にも三にも、お客様である個人投資家のほうに向くようになります。

私たちは、世界で新しいお金の流れを生み出す仕組み作りとその運営はできますが、１００億円、１０００億円や1兆円といったお金そのものを自分たちで提供することはできません。運用リターンの最大化にコミットすることにより、余裕資金を運用するニーズのある方にもっともっと参画していただけるようにしていきたいと考えています。

世界中で新しいお金の流れを作るための投資機会に資金を投じたいという方が、クラウドクレジットという場に集い、この場がプラットフォームとなって、事業と社会を成長させるための「やる気」も「能力」もある世界の個人に資金が届き、事業が実際に成長し、その果実の一部がリターンとして返ってくる。そうやって運営者と投資家がタッグを組んで新しいお金の流れ、新しい金融を創ろうという挑戦そのものが、貸付型クラウドファンディング、クラウドクレジットです。

私はクラウドクレジットのメンバーに、「私たちクラウドクレジットの役職員とお客様（投資家の方）は、運営する側と投資する側の違いはあれども、思いとしては一体であり一緒であり、どちらが欠けても世界をつなぐ新しい金融はできない」と話しています。

私たちの挑戦はまだ始まったばかりです。「世界をつなぐ新しい金融」の実現を目指して、これからもまっすぐに走り続けていきます。

# おわりに

本書では、クラウドクレジットについて、資産運用という観点からも多く説明していきました。

これまで提供してきた全部のファンド合計のリターンはプラスを維持していますが、何度も触れたように、クラウドクレジットのファンドにはリスクがあります。一度投資を行ったら、ドキドキしたり、貸し倒れや円高でファンドが元本割れしてがっかりしてしまうことが起きうるのは事実であり、それをご理解いただいたうえで投資をしていただくべきだと思っています。

クラウドクレジットの投資家の方のお金が増えるどころか減ってしまったら、投資家と資金需要者の方がWin-Winの関係になることができません。クラウドクレジットは資産運用会社として、これまでも、これからも、運用リターン最大化へのコミットを放棄することはありません。

と同時に、クラウドクレジットにとっての資産運用とは、「お金を増やすだけ」ではありません。

資産運用会社を見極める時、「その投資哲学を吟味《ぎんみ》しろ」といわれます。クラウドクレジットの投資哲学とは、「世界をつなぐ新しい金融を創る」です。

本書でお話ししてきたように、21世紀の今、世界では、事業と社会を成長させる「やる気」も「能力」もあるのに株式や債券という伝統的な資本市場と銀行融資ではリーチできず、資金不足のため、事業を実行したり拡大したりすることができていない方々が溢《あふ》れています。

クラウドクレジットと投資家の方がタッグを組めば、まさに前出のKivaや、クラウドクレジットの立ち上げ期を支援してくださった方々のようなサポートを、ファイナンス面から行うことができます。もしかしたら、その中から将来、Mattさんの Kiva のようなサービスも出てくるかもしれません。

証券会社や銀行の方々といったプロの金融マンでもできないことを実行できる仕組みを一緒に創っていき、それを世界的なものにする〝旅〟に参加していただくことも充足感と意義のあることではないか、と私は思っています。

第6章のタイトルは「クラウドクレジットが創る新しい金融のかたち」でした。これを「みんながタッグを組んで創る新しい金融のかたち」と言い換えて、本書の末尾といたします。

２０１９年３月

クラウドクレジット株式会社　代表取締役社長　杉山智行《すぎやまともゆき》

編集協力
鈴木雅光

**杉山智行**

クラウドクレジット株式会社代表取締役社長。2005年東京大学法学部卒業後、大和証券SMBCに入社し、金利、為替の自己勘定取引チームで日本国債への投資業務等に携わる。2008年ロイズ銀行東京支店に入行し、資金部長として支店経営陣に対してリテール預金の獲得など日本での事業機会について助言を行う一方、運用子会社の日本における代表および運用責任者を兼任。2013年1月にクラウドクレジット株式会社を設立し、投資型クラウドファンディング・サービスを展開。日本の個人投資家と世界の資金需要者がWin-Winの関係を作るサポートを行う。

講談社+α《プラスアルファ》新書 810-1 C

さらば銀行《ぎんこう》

「第3の金融」が変えるお金の未来

杉山智行《すぎやまともゆき》 

2019年4月11日第1刷発行

発行者——渡瀬昌彦

発行所——株式会社 講談社

東京都文京区音羽2-12-21 〒112-8001

電話 編集(03)5395-3522

販売(03)5395-4415

業務(03)5395-3615

デザイン——鈴木成一デザイン室

カバー印刷——共同印刷株式会社

印刷——株式会社新藤慶昌堂

製本——株式会社国宝社

本文データ制作——講談社デジタル製作

本文図版——朝日メディアインターナショナル株式会社

定価はカバーに表示してあります。

落丁本・乱丁本は購入書店名を明記のうえ、小社業務あてにお送りください。

送料は小社負担にてお取り替えします。

なお、この本の内容についてのお問い合わせは第一事業局企画部「＋α新書」あてにお願いいたします。



Printed in Japan

ISBN978-4-06-515679-7

## 講談社＋α新書

儒教に支配された中国人と韓国人の悲劇　ケント・ギルバート
「私はアメリカ人だから断言できる!!　日本人と中国・韓国人は全くの別物だ」――警告の書
840円 754-1 C

中華思想を妄信する中国人と韓国人の悲劇　ケント・ギルバート
欧米が批難を始めた中国人と韓国人の中華思想。英国が国を挙げて追及する韓国の戦争犯罪とは
840円 754-2 C

日本人だけが知らない砂漠のグローバル大国UAE　加茂佳彦
なぜ世界のビジネスマン、投資家、技術者はUAEに向かうのか？　答えはオイルマネー以外にあった！
840円 756-1 C

金正恩の核が北朝鮮を滅ぼす日　牧野愛博
格段に上がった脅威レベル、荒廃する社会。危険過ぎる隣人を裸にする、ソウル支局長の報告
860円 757-1 C

おどろきの金沢　秋元雄史
伝統対現代のバトル、金沢旦那衆の遊びっぷり。よそ者が10年住んでわかった、本当の魅力
860円 758-1 C

「ミヤネ屋」の秘密　大阪発の報道番組が全国人気になった理由　春川正明
なぜ、関西ローカルの報道番組が全国区人気になったのか。その躍進の秘訣を明らかにする
840円 759-1 C

一生モノの英語力を身につけるたったひとつの学習法　澤井康佑
「英語の達人」たちもこの道を通ってきた。読解から作文、会話まで。鉄板の学習法を紹介
840円 760-1 C

茨城 vs. 群馬　北関東死闘編　全国都道府県調査隊 編
都道府県魅力度調査で毎年、熾烈な最下位争いを繰りひろげてきた両者がついに激突する！
780円 761-1 C

ポピュリズムと欧州動乱　フランスはEU崩壊の引き金を引くのか　国末憲人
ポピュリズムの行方とは。反EUとロシアとの連携。ルペンの台頭が示すフランスと欧州の変質
860円 763-1 C

脂肪と疲労をためるジェットコースター血糖の恐怖　人生が変わる一週間断糖プログラム　麻生れいみ
ねむけ、だるさ、肥満は「血糖値乱高下」が諸悪の根源！　寿命も延びる血糖値ゆるやか食事法
840円 764-1 B

超高齢社会だから急成長する日本経済　2030年にGDP700兆円のニッポン　鈴木将之
旅行、グルメ、住宅…新高齢者は1000兆円の金融資産を遣って逝く↓高齢社会だから成長
840円 765-1 C

表示価格はすべて本体価格（税別）です。本体価格は変更することがあります

## 講談社+α新書

**歯は治療してはいけない！ あなたの人生を変える歯の新常識**
田北行宏
歯が健康なら生涯で3000万円以上得!? 認知症や糖尿病も改善する実践的予防法を伝授！
840円 766-1 B

**50歳からは「筋トレ」してはいけない** 何歳でも動けるからだをつくる「骨呼吸エクササイズ」
勇﨑賀雄
人のからだの基本は筋肉ではなく骨。日常的に骨を鍛え若々しいからだを保つエクササイズ
880円 767-1 B

**定年前にはじめる生前整理** 人生後半が変わる4ステップ
古堅純子
「老後でいい！」と思ったら大間違い！ 今やると身も心もラクになる正しい生前整理の手順
800円 768-1 C

**日本人が忘れた日本人の本質**
山折哲雄
髙山文彦
「天皇退位問題」から「シン・ゴジラ」まで、宗教学者と作家が語る新しい「日本人原論」
860円 769-1 C

ふりがな付 **山中伸弥先生に、人生とiPS細胞について聞いてみた**
山中伸弥
聞き手・緑 慎也
テレビで紹介され大反響！ やさしい語り口で親子で読める、ノーベル賞受賞後初にして唯一の自伝
800円 770-1 B

**結局、勝ち続けるアメリカ経済 一人負けする中国経済**
武者陵司
2020年に日経平均4万円突破もある順風!! トランプ政権の中国封じ込めで変わる世界経済
840円 771-1 C

**仕事消滅** AIの時代を生き抜くために、いま私たちにできること
鈴木貴博
人工知能で人間の大半は失業する。肉体労働でなく頭脳労働の職場で。それはどんな未来か？
840円 772-1 C

**格差と階級の未来** 超富裕層と新下流層しかいなくなる世界の生き抜き方
鈴木貴博
AIによる「仕事消滅」と「中流層消滅」から脱出する方法。誰もが資本家になる逆転の発想！
860円 772-2 C

**病気を遠ざける！1日1回日光浴** 日本人は知らないビタミンDの実力
斎藤糧三
紫外線はすごい！ アレルギーも癌も逃げ出す！驚きの免疫調整作用が最新研究で解明された
800円 773-1 B

**ふしぎな総合商社**
小林敬幸
名前はみんな知っていても、実際に何をしている会社か誰も知らない総合商社のホントの姿
840円 774-1 C

**日本の正しい未来** 世界一豊かになる条件
村上尚己
デフレは人の価値まで下落させる。成長不要論が日本をダメにする。経済の基本認識が激変！
800円 775-1 C

表示価格はすべて本体価格（税別）です。本体価格は変更することがあります

# 講談社+α新書

**AIで私の仕事はなくなりますか？**　田原総一朗
グーグル、東大、トヨタ……「極端な文系人間」の著者が、最先端のAI研究者を連続取材！
860円 796-1 C

**本社は田舎に限る**　吉田基晴
徳島県美波町に本社を移したITベンチャー企業社長。全国注目の新しい仕事と生活スタイル
860円 797-1 C

**50歳を超えても脳が若返る生き方**　加藤俊徳
寿命100年時代は50歳から全く別の人生を！ 今までダメだった人の脳は後半こそ最盛期に!!
880円 798-1 B

**99%の人が気づいていないビジネス力アップの基本100**　山口　博
アイコンタクトからモチベーションの上げ方まで。「できる」と言われる人はやっている
860円 799-1 C

**妻のトリセツ**　黒川伊保子
いつも不機嫌、理由もなく怒り出す——理不尽極まりない妻との上手な付き合い方
800円 800-1 A

**世界の常識は日本の非常識 自然エネは儲かる！**　吉原　毅
新産業が大成長を遂げている世界の最新事情を紹介し、日本に第四の産業革命を起こす1冊！
860円 801-1 C

**明日の日本を予測する技術** 「権力者の絶対法則」を知ると未来が見える！　長谷川幸洋
ビジネスに投資に就職に!! 6ヵ月先の日本が見えるようになる本！ 日本経済の実力も判明
880円 803-1 C

**人が集まる会社　人が逃げ出す会社**　下田直人
従業員、取引先、顧客。まず、人が集まる会社をつくろう！ 利益はあとからついてくる
820円 804-1 C

**志ん生が語る クオリティの高い貧乏のススメ** 昭和のように生きて心が豊かになる25の習慣　美濃部由紀子
NHK大河ドラマ「いだてん」でビートたけし演じる志ん生は著者の祖父、人生の達人だった
840円 805-1 A

**精　日** 加速度的に日本化する中国人の群像　古畑康雄
日本文化が共産党を打倒した!! 対日好感度も急上昇で、5年後の日中関係は、激変する!!
860円 806-1 C

**古き佳きエジンバラから新しい日本が見える**　ハーディ智砂子
遥か遠いスコットランドから本当の日本が見える。ファンドマネジャーとして日本企業の強さも実感
860円 808-1 C

表示価格はすべて本体価格（税別）です。本体価格は変更することがあります